·立信会计丛书·

现代管理会计学
习 题 与 解 答

李天民　编著

立信会计出版社

图书在版编目(CIP)数据

现代管理会计学习题与解答/李天民编著. —2版.
上海:立信会计出版社,1999.10
(立信会计丛书)
ISBN 978-7-5429-0352-5

Ⅰ.现… Ⅱ.李… Ⅲ.管理会计—解题 Ⅳ.F234.3

中国版本图书馆 CIP 数据核字(1999)第 66495 号

现代管理会计学习题与解答

出版发行	立信会计出版社			
地 址	上海市中山西路 2230 号	邮政编码	200235
电 话	(021)64411389	传 真	(021)64411325
网 址	www.lixinaph.com	电子邮箱	lxaph@sh163.net
网上书店	www.shlx.net	电 话	(021)64411071
经 销	各地新华书店		
印 刷	常熟市梅李印刷有限公司		
开 本	850 毫米×1168 毫米	1/32	
印 张	7.5		
字 数	243 千字		
版 次	1999 年 10 月第 2 版		
印 次	2014 年 7 月第 22 次		
印 数	97 301—100 400		
书 号	ISBN 978-7-5429-0352-5/F		
定 价	12.00 元		

如有印订差错 请与本社联系调换

前　言

　　管理会计是一门实践性很强的新兴学科。为了使读者能融会贯通所学知识，充分发挥现代会计的管理职能，熟练掌握预测前景、参与决策、规划未来、控制和评价企业经济活动的技术和本领，特编写《现代管理会计学习题与解答》。本书按八个专题，编制了143个管理会计习题，并分别作出详解，用以与拙著《现代管理会计学》教材进行配套。这不仅有利于读者巩固所学内容，提高实际操作能力，也可供参加全国会计师职称考试的学员作为模拟习作的重要参考资料。

　　由于编写时间仓促，习题与解答难免存在疏漏或不当之处，欢迎读者批评指正。

李天民

目　录

习　题

一、成本习性与本·量·利分析 …………………………… 3
　　习题一 …………………………………………………… 3
　　习题二 …………………………………………………… 3
　　习题三 …………………………………………………… 4
　　习题四 …………………………………………………… 4
　　习题五 …………………………………………………… 5
　　习题六 …………………………………………………… 6
　　习题七 …………………………………………………… 6
　　习题八 …………………………………………………… 6
　　习题九 …………………………………………………… 7
　　习题十 …………………………………………………… 8
　　习题十一 ………………………………………………… 8
　　习题十二 ………………………………………………… 8
　　习题十三 ………………………………………………… 9

二、变动成本法 …………………………………………… 10
　　习题一 …………………………………………………… 10
　　习题二 …………………………………………………… 10
　　习题三 …………………………………………………… 11
　　习题四 …………………………………………………… 12
　　习题五 …………………………………………………… 13
　　习题六 …………………………………………………… 14
　　习题七 …………………………………………………… 15
　　习题八 …………………………………………………… 15
　　习题九 …………………………………………………… 16

  习题十 ·· 17

三、预测分析 ·· 19
  习题一 ·· 19
  习题二 ·· 19
  习题三 ·· 19
  习题四 ·· 20
  习题五 ·· 20
  习题六 ·· 20
  习题七 ·· 21
  习题八 ·· 21
  习题九 ·· 22
  习题十 ·· 22
  习题十一 ·· 22
  习题十二 ·· 23
  习题十三 ·· 23
  习题十四 ·· 23
  习题十五 ·· 24
  习题十六 ·· 24
  习题十七 ·· 25
  习题十八 ·· 25

四、短期经营决策 ·· 27
  习题一 ·· 27
  习题二 ·· 27
  习题三 ·· 28
  习题四 ·· 29
  习题五 ·· 30
  习题六 ·· 30
  习题七 ·· 31
  习题八 ·· 31
  习题九 ·· 32
  习题十 ·· 32

习题十一 ……………………………………………………………………… 33
习题十二 ……………………………………………………………………… 34
习题十三 ……………………………………………………………………… 34
习题十四 ……………………………………………………………………… 35
习题十五 ……………………………………………………………………… 35
习题十六 ……………………………………………………………………… 36
习题十七 ……………………………………………………………………… 36
习题十八 ……………………………………………………………………… 37
习题十九 ……………………………………………………………………… 37
习题二十 ……………………………………………………………………… 38
习题二十一 …………………………………………………………………… 38
习题二十二 …………………………………………………………………… 39
习题二十三 …………………………………………………………………… 39
习题二十四 …………………………………………………………………… 40
习题二十五 …………………………………………………………………… 40
习题二十六 …………………………………………………………………… 41
习题二十七 …………………………………………………………………… 41
习题二十八 …………………………………………………………………… 41
习题二十九 …………………………………………………………………… 42
习题三十 ……………………………………………………………………… 42
习题三十一 …………………………………………………………………… 43
习题三十二 …………………………………………………………………… 43
习题三十三 …………………………………………………………………… 44
习题三十四 …………………………………………………………………… 44

五、长期投资决策

习题一 ………………………………………………………………………… 46
习题二 ………………………………………………………………………… 46
习题三 ………………………………………………………………………… 46
习题四 ………………………………………………………………………… 46
习题五 ………………………………………………………………………… 47
习题六 ………………………………………………………………………… 47
习题七 ………………………………………………………………………… 47

习题八	47
习题九	48
习题十	48
习题十一	48
习题十二	48
习题十三	49
习题十四	49
习题十五	50
习题十六	51
习题十七	51
习题十八	52
习题十九	52
习题二十	53
习题二十一	53
习题二十二	54
习题二十三	54
习题二十四	55
习题二十五	55
习题二十六	55
习题二十七	55
习题二十八	56
习题二十九	56
习题三十	56
六、全面预算	**58**
习题一	58
习题二	58
习题三	58
习题四	59
习题五	59
习题六	60
习题七	60
习题八	60

习题九 ………………………………………………………… 61
　　习题十 ………………………………………………………… 65

七、成本控制 ……………………………………………………… 71
　　习题一 ………………………………………………………… 71
　　习题二 ………………………………………………………… 71
　　习题三 ………………………………………………………… 72
　　习题四 ………………………………………………………… 73
　　习题五 ………………………………………………………… 73
　　习题六 ………………………………………………………… 73
　　习题七 ………………………………………………………… 74
　　习题八 ………………………………………………………… 75
　　习题九 ………………………………………………………… 76
　　习题十 ………………………………………………………… 76
　　习题十一 ……………………………………………………… 76
　　习题十二 ……………………………………………………… 77
　　习题十三 ……………………………………………………… 77
　　习题十四 ……………………………………………………… 78

八、责任会计 ……………………………………………………… 80
　　习题一 ………………………………………………………… 80
　　习题二 ………………………………………………………… 81
　　习题三 ………………………………………………………… 81
　　习题四 ………………………………………………………… 82
　　习题五 ………………………………………………………… 83
　　习题六 ………………………………………………………… 83
　　习题七 ………………………………………………………… 83
　　习题八 ………………………………………………………… 83
　　习题九 ………………………………………………………… 84
　　习题十 ………………………………………………………… 85
　　习题十一 ……………………………………………………… 86
　　习题十二 ……………………………………………………… 86
　　习题十三 ……………………………………………………… 87

| 习题十四 | 87 |

习题解答

一、成本习性与本·量·利分析	91
习题解答一	91
习题解答二	91
习题解答三	91
习题解答四	92
习题解答五	93
习题解答六	94
习题解答七	95
习题解答八	96
习题解答九	97
习题解答十	98
习题解答十一	99
习题解答十二	100
习题解答十三	101

二、变动成本法	103
习题解答一	103
习题解答二	104
习题解答三	107
习题解答四	109
习题解答五	110
习题解答六	111
习题解答七	112
习题解答八	114
习题解答九	116
习题解答十	117

三、预测分析	119
习题解答一	119
习题解答二	119

习题解答三……………………………………………………… 120
习题解答四……………………………………………………… 120
习题解答五……………………………………………………… 121
习题解答六……………………………………………………… 121
习题解答七……………………………………………………… 122
习题解答八……………………………………………………… 124
习题解答九……………………………………………………… 125
习题解答十……………………………………………………… 126
习题解答十一…………………………………………………… 127
习题解答十二…………………………………………………… 128
习题解答十三…………………………………………………… 129
习题解答十四…………………………………………………… 130
习题解答十五…………………………………………………… 131
习题解答十六…………………………………………………… 133
习题解答十七…………………………………………………… 134
习题解答十八…………………………………………………… 135

四、短期经营决策……………………………………………… 137
习题解答一……………………………………………………… 137
习题解答二……………………………………………………… 137
习题解答三……………………………………………………… 138
习题解答四……………………………………………………… 139
习题解答五……………………………………………………… 140
习题解答六……………………………………………………… 141
习题解答七……………………………………………………… 141
习题解答八……………………………………………………… 142
习题解答九……………………………………………………… 142
习题解答十……………………………………………………… 143
习题解答十一…………………………………………………… 144
习题解答十二…………………………………………………… 145
习题解答十三…………………………………………………… 145
习题解答十四…………………………………………………… 146
习题解答十五…………………………………………………… 147

习题解答十六 …………………………………………………… 148
习题解答十七 …………………………………………………… 148
习题解答十八 …………………………………………………… 149
习题解答十九 …………………………………………………… 150
习题解答二十 …………………………………………………… 150
习题解答二十一 ………………………………………………… 151
习题解答二十二 ………………………………………………… 152
习题解答二十三 ………………………………………………… 153
习题解答二十四 ………………………………………………… 153
习题解答二十五 ………………………………………………… 154
习题解答二十六 ………………………………………………… 154
习题解答二十七 ………………………………………………… 154
习题解答二十八 ………………………………………………… 155
习题解答二十九 ………………………………………………… 156
习题解答三十 …………………………………………………… 157
习题解答三十一 ………………………………………………… 157
习题解答三十二 ………………………………………………… 158
习题解答三十三 ………………………………………………… 159
习题解答三十四 ………………………………………………… 159

五、长期投资决策 …………………………………………… 161
习题解答一 ……………………………………………………… 161
习题解答二 ……………………………………………………… 161
习题解答三 ……………………………………………………… 161
习题解答四 ……………………………………………………… 162
习题解答五 ……………………………………………………… 162
习题解答六 ……………………………………………………… 163
习题解答七 ……………………………………………………… 163
习题解答八 ……………………………………………………… 164
习题解答九 ……………………………………………………… 165
习题解答十 ……………………………………………………… 165
习题解答十一 …………………………………………………… 166
习题解答十二 …………………………………………………… 166

习题解答十三 ……………………………………………………… 167
习题解答十四 ……………………………………………………… 168
习题解答十五 ……………………………………………………… 168
习题解答十六 ……………………………………………………… 170
习题解答十七 ……………………………………………………… 171
习题解答十八 ……………………………………………………… 172
习题解答十九 ……………………………………………………… 176
习题解答二十 ……………………………………………………… 177
习题解答二十一 …………………………………………………… 178
习题解答二十二 …………………………………………………… 179
习题解答二十三 …………………………………………………… 180
习题解答二十四 …………………………………………………… 181
习题解答二十五 …………………………………………………… 182
习题解答二十六 …………………………………………………… 182
习题解答二十七 …………………………………………………… 182
习题解答二十八 …………………………………………………… 183
习题解答二十九 …………………………………………………… 184
习题解答三十 ……………………………………………………… 186

六、全面预算 …………………………………………………… 187
习题解答一 ………………………………………………………… 187
习题解答二 ………………………………………………………… 188
习题解答三 ………………………………………………………… 188
习题解答四 ………………………………………………………… 189
习题解答五 ………………………………………………………… 190
习题解答六 ………………………………………………………… 190
习题解答七 ………………………………………………………… 191
习题解答八 ………………………………………………………… 192
习题解答九 ………………………………………………………… 192
习题解答十 ………………………………………………………… 195

七、成本控制 …………………………………………………… 202
习题解答一 ………………………………………………………… 202

习题解答二 …………………………………………… 202
习题解答三 …………………………………………… 202
习题解答四 …………………………………………… 204
习题解答五 …………………………………………… 205
习题解答六 …………………………………………… 205
习题解答七 …………………………………………… 206
习题解答八 …………………………………………… 207
习题解答九 …………………………………………… 208
习题解答十 …………………………………………… 208
习题解答十一 ………………………………………… 209
习题解答十二 ………………………………………… 210
习题解答十三 ………………………………………… 211
习题解答十四 ………………………………………… 213

八、责任会计 …………………………………… 215
习题解答一 …………………………………………… 215
习题解答二 …………………………………………… 215
习题解答三 …………………………………………… 216
习题解答四 …………………………………………… 216
习题解答五 …………………………………………… 217
习题解答六 …………………………………………… 218
习题解答七 …………………………………………… 218
习题解答八 …………………………………………… 218
习题解答九 …………………………………………… 219
习题解答十 …………………………………………… 219
习题解答十一 ………………………………………… 221
习题解答十二 ………………………………………… 221
习题解答十三 ………………………………………… 222
习题解答十四 ………………………………………… 223

习 题

一、成本习性与本·量·利分析

习 题 一

【目的】 通过练习,掌握按成本习性进行分类的方法。

【资料】 以下是沙松工厂历史上发生的各种费用项目名称:

1. 直接材料;
2. 间接材料;
3. 直接人工;
4. 间接人工;
5. 工厂的公用事业费;
6. 工厂的财产税;
7. 销售人员用的汽车租金;
8. 销售人员的招待费;
9. 机器用的润滑剂;
10. 坏帐;
11. 全体职工的奖金税;
12. 警卫人员超时服务津贴;
13. 广告费;
14. 机器维修费;
15. 生产设备折旧费;
16. 全厂资产保险费;
17. 产品运出费用;
18. 停工工资。

【要求】
1. 分别说明上述各项目,哪些属于制造成本?哪些属于非制造成本?
2. 分别说明上述各项目,哪些属于变动成本?哪些属于固定成本?哪些属于混合成本?

习 题 二

【目的】 通过练习,掌握按成本习性进行分类的方法。

【资料】 以下是南方公司经常发生的费用项目：

1. 研究开发费；
2. 保险费；
3. 直接人工；
4. 能源费(全部按千瓦小时计费)；
5. 直接材料；
6. 销售副总经理薪金；
7. 外请顾问咨询费；
8. 设备折旧费；
9. 销售佣金；
10. 广告宣传费；
11. 注册会计师审计费(应证券监管委员会要求)；
12. 服务十年以上雇员的大学教育培养费；
13. 采购代理人员薪金；
14. 公司房屋租金。

【要求】 指出以上各项目哪些属于变动成本；哪些属于酌量性固定成本；哪些属于约束性固定成本？

习 题 三

【目的】 通过练习，掌握总成本公式的应用。

【资料】 假定基隆公司的甲生产部门今年12月份发生的总成本为120,000元，又该月份发生的直接人工工时总额为10,000工时，固定成本总额为30,000元。若甲生产部门预计明年第一季度发生的直接人工工时总额分别为：

1月份	8,000工时
2月份	7,000工时
3月份	15,000工时

【要求】 根据上述有关资料，并应用总成本公式来预计该生产部门明年一季度三个月的总成本各为多少？

习 题 四

【目的】 通过练习，掌握变动成本和固定成本的习性。

【资料】 以下是培特公司1990年和1991年传统的简略收益表的有关资

料,假定期初、期末无存货,两年的销售单价及成本水平均无变动。

培特公司收益表

单位:元

项 目	1990年度		1999年度	
销售收入		200,000		300,000
销售成本:				
直接材料	40,000		?	
直接人工	50,000		?	
变动制造费用	20,000		?	
固定制造费用	?	?	?	?
销售毛利		40,000		?
推销和管理费用:				
变动部分	?		?	
固定部分	14,000	?	?	?
净　利		10,000		?

【要求】 根据上述已知的有关资料,结合成本习性原理,将收益表中的空白部分填入正确的数据。

习 题 五

【目的】 通过练习,掌握混合成本分解的合同确认法。

【资料】 假定晨光机器厂与当地供电部门在订立供电合同时,规定晨光厂每月需支付供电部门变压器维持费1,000元,每月用电额度为80,000度。在额度内每度电价为0.27元;如超额用电,则需按正常电价10倍计算。若晨光厂每月照明用电平均为4,000度,另外,该厂只生产甲产品,平均每件耗电25度。

【要求】 根据上述资料,采用合同确认法对混合成本进行分解,并分别确定:

1. 在用电额度内电费的固定成本总额和变动成本总额各为多少?试列出其混合成本公式。

2. 在超额度用电时,电费的固定成本总额和变动成本总额又各为多少?

试列出其混合成本公式。

习 题 六

【目的】 通过练习,掌握混合成本的数学分解的方法。

【资料】 假定兴华工厂今年上半年 6 个月运输费(混合成本)的历史资料如下表所示:

月 份	1月	2月	3月	4月	5月	6月
运输量(吨/公里)	300	200	520	350	400	250
运输费(元)	3,400	2,500	5,600	3,800	4,300	2,800

【要求】 根据上述资料分别按以下方法将运输费分解为变动成本和固定成本,并写出混合成本公式:

1. 采用高低点法;
2. 采用回归直线法。

习 题 七

【目的】 通过练习,掌握混合成本的数学分解方法。

【资料】 华通工厂今年下半年的混合成本维修费的资料如下表所示:

月 份	7月	8月	9月	10月	11月	12月
业务量(千机器小时)	200	160	260	240	280	220
维修费(元)	1,160	1,000	1,400	1,320	1,480	1,250

【要求】

1. 根据上述资料采用高低点法将维修费分解为变动成本和固定成本,并写出混合成本公式。
2. 根据上述资料采用回归直线法将维修费分解为变动成本和固定成本,并写出混合成本公式。
3. 若计划期产销量为 270 千机器小时,则维修费总额将为多少?

习 题 八

【目的】 通过练习,掌握混合成本分解的高低点法。

【资料】 宏大工厂将去年各月中最高业务量和最低业务量情况下的制造

费用总额的数据摘录如下：

摘　要	高点(9月)	低点(2月)
业务量(机器小时)	75,000	50,000
制造费用总额(元)	176,250	142,500

上表的制造费用总额中包括变动成本、固定成本和混合成本三类。该厂会计部门曾对高点业务量为75,000机器小时的制造费用总额作了分析，其各类成本的组成情况如下：

变动成本总额	75,000
固定成本总额	60,000
混合成本总额	41,250
制造费用总额	176,250

【要求】

1. 根据上述资料，采用高低点法将该厂的混合成本分解为变动成本和固定成本，并写出混合成本公式。

2. 若该厂计划期的生产能量为65,000机器小时，那么它的制造费用总额将为多少？

习题九

【目的】 通过练习，掌握本·量·利分析的基本原理以及贡献毛益的实质。

【资料】 下表所列四个案例是四个工厂分别在过去一年中的生产和销售情况，假定每个工厂产销平衡，同时都只产销一种产品。

案例	销售数量	销售收入总额	变动成本总额	单位贡献毛益	固定成本总额	营业利润(或亏损)
1	件	50,000元	元	4元	10,000元	10,000元
2	8,000件	元	40,000元	3元	元	9,000元
3	3,000件	45,000元	元		18,000元	(3,000)元
4	9,000件	81,000元	45,000元	元	20,000元	元

【要求】 根据本·量·利分析的基本原理以及贡献毛益的实质，通过具体计算，将有关数据填入上表空白栏内，并分别写出其计算过程。

习 题 十

【目的】 通过练习,掌握本·量·利分析的基本原理以及贡献毛益率的具体应用。

【资料】 下表所列四个案例是四个工厂在过去一年中生产和销售的情况,假定每个工厂产销平衡,同时只产销一种产品。

案 例	销售收入总额	变动成本总额	贡献毛益率	固定成本总额	营业利润（或亏损）
1	180,000元	元	40%	元	12,000元
2	300,000元	165,000元	%	100,000元	元
3	元	元	30%	80,000元	(5,000)元
4	400,000元	260,000元	%	元	30,000元

【要求】 根据本·量·利分析的基本原理以及贡献毛益率的实质,通过具体计算,将有关数据填入上表空白栏内,并分别写出其计算过程。

习 题 十 一

【目的】 通过练习,掌握经营杠杆率的计算方法,及其在预测计划期利润方面的应用。

【资料】 兴华工厂今年产销甲产品 10,000 件,销售单价为 26 元,其变动成本率为 70%,固定成本总额为 18,000 元。若该厂在计划期的甲产品的售价和成本水平均无变动,但根据市场调查,兴华工厂决定在计划期将甲产品的销售量增长 18%。

【要求】 通过经营杠杆率的计算,预测兴华工厂在计划期将实现多少利润?

习 题 十 二

【目的】 通过练习,掌握贡献毛益和经营杠杆这两个新概念在业绩评价中的作用。

【资料】 翔华公司本年度计划产销甲产品 10 万件,计划利润为 10 万元,其固定成本总额为 30 万元。若该公司实际执行的结果是产销甲产品 12 万件,实现利润 12 万元;而产品的售价和成本水平均无变动。

【要求】 试应用贡献毛益和经营杠杆的基本知识,分别对翔华公司本年度的计划完成情况作出正确评价。

习 题 十 三

【目的】 通过练习,掌握如何应用经营杠杆率来评价企业的业绩。

【资料】 假定通达公司和祥云公司今年的销售收入均为 100 万元,销售成本均为 80 万元,因而两公司的税前净利相同为 20 万元。但这两个企业的成本结构不同,通达公司的变动成本率为 20%,祥云公司的变动成本率为 60%。若明年这两个公司的销售收入均增长 10%。

【要求】

1. 根据上述资料,计算两公司明年度的利润增长额,并填入下列计算分析表内:

公司	销售收入 (px)	变动成本总额 (bx)	贡献毛益总额 (Tcm)	固定成本总额 (a)	利润 (P)	经营杠杆率 (DOL)	销售增长率 (R)	利润增长率 (R·DOL)	利润增长额
通达	100万元				20万元		10%		
祥云	100万元				20万元		10%		

2. 试用经营杠杆的知识来解释通达公司的经营风险为什么会大于祥云公司。

二、变动成本法

习 题 一

【目的】 通过练习,掌握职能式收益表和贡献式收益表的编制方法。

【资料】 假定四维公司1997年度只产销一种甲产品,以下是有关生产、销售和成本的数据:

生产量	5,000件
销售量	4,000件
直接材料	20,000元
直接人工	15,000元
变动制造费用	20,000元
固定制造费用	20,000元
推销及管理费用(全部固定)	10,000元
变动成本率	55%

现假定该公司期初无存货。

【要求】
1. 分别按全部成本法和变动成本法计算出单位产品成本。
2. 分别编制职能式收益表和贡献式收益表。
3. 比较上述两表的税前净利相差多少?怎样验算?

习 题 二

【目的】 通过练习,掌握如何把按全部成本法编制的收益表改编为按变动成本法编制的收益表。

【资料】 假定中信公司在19×7年生产并销售手提包15,000只,期初无存货。该年度按全部成本法编制的收益表如下:

中信公司职能式收益表

19×7年度　　　　　　　　　　　　　单位：元

摘　　要	金　　额	
销售收入		600,000
销售成本：		
直接材料	80,000	
直接人工	100,000	
变动制造费用	40,000	
固定制造费用	60,000	280,000
销售毛利		320,000
营业费用：		
变动推销及管理费用	130,000	
固定推销及管理费用	70,000	200,000
税前净利		120,000

【要求】

1. 根据上述资料，按变动成本法编制该公司的贡献式收益表。
2. 假定19×7年度中信公司实际生产15,000只手提包，但到年终只销售14,000只。在这种情况下，请分别按两种成本计算方法编制收益表。
3. 假定中信公司19×7年度期初有手提包存货2,000只，本期生产15,000只，销售17,000只。在这种情况下，请分别按两种成本计算方法编制收益表。

习　题　三

【目的】　通过练习，掌握如何把按变动成本法编制的收益表改编为按全部成本法编制的收益表。

【资料】　若中原软化器厂于19×8年度生产并销售硬水软化器6,000个，单位售价为400元，期初无存货。该厂19×8年编制的贡献式收益表如下：

中原软化器厂贡献式收益表

19×8年度 单位：元

摘要	金	额
销售收入		2,400,000
变动成本：		
变动制造成本	840,000	
变动推销及管理成本	120,000	960,000
贡献毛益总额		1,440,000
期间成本：		
固定制造成本	900,000	
固定推销及管理成本	300,000	1,200,000
税前净利		240,000

【要求】

1. 根据上述资料，为中原软化器厂编制19×8年度按全部成本法编制的职能式收益表。

2. 若中原厂19×8年度期初有软化器存货1,500个，本期生产6,000个，本期销售7,000个。在这种情况下，请分别按两种成本计算方法编制收益表。

习 题 四

【目的】 通过练习，掌握按全部成本法和按变动成本法编制收益表的差别。

【资料】 假定义利公司19×9年度只产销甲产品，其有关资料如下：

生产量	4,000件
销售量	3,500件
期初存货量	0件
贡献毛益率	50%
直接材料	20,000元
直接人工	32,000元
制造费用：	
其中：单位变动费用	6元

固定费用总额	28,000元
推销及管理费用:	
其中:单位变动费用	4元
固定费用总额	21,000元

【要求】

1. 分别按两种不同的成本计算方法,算出19×9年的单位产品成本和期末存货成本。
2. 分别按两种不同的成本计算方法,编制收益表。
3. 比较两种方法算出的税前净利,以哪种方法较高？高多少？怎样验算？

习 题 五

【目的】 通过练习,掌握在连续三年销售量逐年变动而生产量维持不变的情况下,采用两种不同的成本计算方法编制收益表的差别。

【资料】 杜邦公司过去对外公开披露的收益表,一贯按全部成本法编制,其最近三年简明的职能式收益表的数据如下:

单位:元

摘　　要	第 一 年	第 二 年	第 三 年
销售收入	80,000	48,000	96,000
销售成本	50,000	30,000	60,000
销售毛利	30,000	18,000	36,000
推销及管理费用(固定)	15,000	15,000	15,000
税前净利	15,000	3,000	21,000

最近三年该公司只产销甲产品,其产销量情况如下:

单位:件

产 销 数 量	第 一 年	第 二 年	第 三 年
生产量	10,000	10,000	10,000
销售量	10,000	6,000	12,000

假定该公司甲产品的单位变动生产成本为 3 元,其固定成本按每件 2 元的基础分摊给甲产品。

【要求】

1. 按变动成本法编制三年的贡献式收益表。
2. 说明采用两种不同方法所算出的税前净利为什么有的年度相同?有的年度不同?如不同,相差多少?怎样验算?

习 题 六

【目的】 通过练习,掌握按全部成本法编制收益表来确定税前净利要受产量高低的影响是不符合经济学原理的。

【资料】 假定光明公司最近两年只生产和销售甲产品,有关甲产品产销的基本情况以及按全部成本法编制的两年简明职能式收益表的数据如下:

基 本 资 料	第 一 年	第 二 年
生产量	8,000 件	10,000 件
销售量	8,000 件	8,000 件
销售单价	15 元/件	15 元/件
单位变动生产成本	8 元/件	8 元/件
固定生产成本总额	24,000 元	24,000 元

光明公司职能式收益表

单位:元

摘 要	第 一 年	第 二 年
销售收入	120,000	120,000
销售成本	88,000	83,200
销售毛利	32,000	36,800
推销及管理费用	20,000	20,000
营业净利	12,000	16,800

若光明公司的固定生产成本是以生产量为基础分摊于甲产品;另每件甲产品分摊变动推销及管理费用1元。

【要求】

1. 按全部成本法,分别算出第一年和第二年甲产品的单位产品成本。
2. 第一年和第二年的产品销售量相同,销售单价和成本水平均无变动,为什么第二年的税前净利较第一年的要高出4,800元?
3. 按变动成本法编制第一年和第二年的贡献式比较收益表。
4. 通过对按两种不同方法编制的收益表进行对比,你认为哪种方法较为合理?为什么?

习 题 七

【目的】 通过练习,掌握变动成本法的优点和全部成本法的缺点。

【资料】 吉利公司专门生产B产品,最近两年的有关数据如下表所示:

基本资料	第 一 年	第 二 年
生产量	3,000吨	2,000吨
期初存货量	0吨	1,000吨
期末存货量	1,000吨	0吨
销售单价	50元	50元
单位变动生产成本	18元	18元
固定制造费用	60,000元	60,000元
固定推销及管理费用	15,000元	15,000元

【要求】

1. 分别按两种成本计算方法求出两年的B产品的单位产品成本。
2. 分别按两种成本计算方法编制近两年的比较收益表。
3. 通过两张比较收益表的对比,评述哪一种方法较为合理。

习 题 八

【目的】 通过练习,掌握变动成本法的优点和全部成本法的缺点。

【资料】 假定永和公司最近两年专门生产并销售A产品,有关资料如下表所示:

基本资料	第一年	第二年
期初存货量	0 件	0 件
生产量	2,000 件	4,000 件
销售量	2,000 件	2,000 件
单位变动生产成本	80 元	80 元
变动成本率	50%	50%
固定制造费用	120,000 元	120,000 元
固定推销及管理费用	35,000 元	35,000 元

【要求】

1. 分别采用两种不同的成本计算方法,来编制永和公司近两年的比较收益表。

2. 通过上述两张比较收益表的对比,评述哪一种成本计算方法较为合理。

习 题 九

【目的】 通过练习,掌握如何应用按变动成本法编制收益表来取得贡献毛益率的信息。

【资料】 假定发达公司今年只生产和销售 A 产品,产销平衡,期初期末无存货。该公司本年度的简明职能式收益表的数据如下:

发达公司职能式收益表

单位:元

摘 要	金	额
销售收入		840,000
销售成本		400,000
销售毛利		440,000
营业费用:		
推销费用	200,000	
管理费用	160,000	360,000
税前净利		80,000

上表内的销售成本中,变动成本占 80%,其余为固定成本;推销费用中,

变动成本占 60%,余为固定成本;管理费用中,变动成本占 30%,余为固定成本。

【要求】
1. 根据上述资料,为发达公司按变动成本法编制贡献式收益表。
2. 为发达公司计算 A 产品的贡献毛益率。

习 题 十

【目的】 通过练习,掌握企业扭亏转盈的正确途径。

【资料】 假定华夏公司专门生产织毛衣机,原设计生产能力为每年1,000台,但由于市场竞争剧烈,过去两年,每年只能生产和销售 500 台。市场销售价为每台 2,500 元,而该公司的单位产品成本为 2,600 元,其详细资料如下:

单位变动生产成本　　　　　　1,000 元
固定制造费用　　　　　　　　800,000 元
固定推销及管理费用　　　　　250,000 元

该公司总经理特为此召集各部门经理开会商讨对策。首先总经理说明该公司已连续两年亏损,去年亏损 300,000 元,若今年不能扭亏转盈,银行将不再贷款,公司势必要停产,形势非常严峻,请各位献计献策。

销售部门经理说:问题的关键在于每台的制造成本太高,为 2,600 元,但由于竞争的关系,我们不能提高售价,只能按 2,500 元价格每年销售 500 台。另外公司没有钱做广告去促销,出路只有请生产部门的工程技术人员想方设法,改进工艺,减少消耗,降低制造成本。

生产部门经理的意见:问题的关键在于设计生产能力只用了一半,如能充分利用生产能力,就可把单位固定成本降低,单位产品成本自然会下降。对策是要请推销人员千方百计地去搞促销活动,如能每年售出 1,000 台,就一定能转亏为盈。

总会计师说:生产部门经理的意见对我很有启发,根据目前工业企业统一会计制度的规定,我们编制收益表是采用全部成本法。这就为我们提供了一个扭亏转盈的"终南捷径"。那就是充分利用我们的生产能力,一年生产 1,000台,尽管市场上只能销售一半,但可将固定成本的半数转入存货成本。这样,我们即使不增加销售数量,也能使收益表上扭亏为盈,因而向银行申请贷款就没有问题了。

总经理最后说:总会计师的建议很好,我们就这样干。

【要求】

1. 根据上述资料,按变动成本法编制该公司去年的收益表,说明该公司去年是怎样亏损 300,000 元的。
2. 根据总会计师的建议,按全部成本法计算该公司的税前净利是多少,并对该建议作出评价。
3. 生产部门经理和销售部门经理的意见是否正确?请作出评价。

三、预测分析

习 题 一

【目的】 通过练习,掌握保本销售量的预测方法。

【资料】 假定宇宙公司生产甲产品(单位:件)的各项变动成本占销售收入的百分率的数据如下:

生产变动成本	35%
推销变动成本	25%
管理变动成本	10%

若该公司全年固定成本总额为 105,000 元,产品的销售单价为 50 元。

【要求】 预测宇宙公司甲产品的保本销售量。

习 题 二

【目的】 通过练习,掌握保本销售量的预测方法。

【资料】 假定国华公司只产销甲产品(单位:件)。本年度实际销售收入总额为 150,000 元,税前净利为 12,000 元。若该公司在计划年度准备将销售量减少 10%;销售量降低后,该公司的税前净利将减少 75%;而甲产品的销售单价仍维持在 40 元,单位变动成本和固定成本总额也维持不变。

【要求】 为国华公司预测计划年度甲产品的保本销售量。

习 题 三

【目的】 通过练习,掌握保本销售量和利润的预测方法。

【资料】 假定永安公司本年度只产销 A 产品(单位:件),若其单位变动成本为 6 元,变动成本总额为 84,000 元,共获税前净利 18,000 元。现永安公司计划在下年度 A 产品的销售单价维持不变,其变动成本率仍与本年度相同,为 40%。

【要求】

1. 为永安公司预测 A 产品的保本销售量。
2. 若永安公司下年度将销售量提高 15%,则可获得多少税前净利?

习 题 四

【目的】 通过练习,掌握保本销售额和利润的预测方法。

【资料】 假定新裕公司在计划年度产销甲产品 20,000 件,若该产品的变动成本率为 60%,安全边际率为 20%,单位贡献毛益为 8 元。

【要求】

1. 预测新裕公司甲产品的保本销售额。
2. 若该公司计划年度产销甲产品 20,000 件,预计可获得多少税前净利?

习 题 五

【目的】 通过练习,掌握保本销售额和目标销售额的预测方法。

【资料】 假定先施公司本年度的简略收益表的重要数据如下:

单位:元

销售收入	600,000
减:销售成本(其中包括固定费用 300,000 元)	660,000
净损失	(60,000)

若该公司总经理认为:如果计划期间增加广告宣传费 60,000 元,产品销售量即可大幅度增加,公司就可转亏为盈,该项建议已获该公司董事会批准。

【要求】

1. 为先施公司预测计划年度的保本销售额。
2. 若该公司希望在计划年度获得目标税前利润 60,000 元,则该公司的目标销售额应为多少?

习 题 六

【目的】 通过练习,掌握保利分析的方法。

【资料】 假定敏中公司计划年度只产销落地电扇,销售价为每台 200 元,变动成本率为 60%,固定成本总额为 80,000 元。

【要求】

1. 预测敏中公司为保证目标税前净利 60,000 元实现的目标销售量和目标销售额各为多少?
2. 预测敏中公司为保证目标税后净利 60,000 元实现的目标销售量和目标销售额各为多少(若所得税率为 50%)?

习 题 七

【目的】 通过练习,掌握多种产品保本销售额的预测方法。

【资料】 假定通华公司在计划年度准备生产并销售甲、乙、丙、丁四种产品,其固定成本总额为 24,000 元。四种产品的销售单价、销售量和单位变动成本的资料如下:

产品名称	甲产品	乙产品	丙产品	丁产品
销售单价(元)	900	2,000	1,000	3,000
销售量(台)	40	80	20	60
单位变动成本(元)	720	1,800	600	2,100

【要求】

1. 分别采用加权平均法和贡献毛益率分解法,预测通华公司在计划期内的综合保本销售额及四种产品的保本销售额。

2. 根据通华公司计划期内四种产品的计划销售收入计算,将实现多少税前净利。

习 题 八

【目的】 通过练习,掌握多种产品保本销售额的预测方法。

【资料】 假定远东公司在计划年度产销 A、B、C 三种产品,其销售及成本的有关资料如下表所示:

产品名称	A产品	B产品	C产品
产销量	20 台	40 台	60 台
销售单价	1,000 元	1,250 元	3,000 元
变动成本率	60%	56%	70%
固定成本总额	20,160 元		

【要求】

1. 分别采用加权平均法和贡献毛益率分解法,预测远东公司计划年度的综合保本销售额,以及 A、B、C 三种产品的保本销售额。

2. 根据远东公司计划期内三种产品的计划销售收入计算,预计将实现多少税前净利?

习 题 九

【目的】 通过练习,掌握利润敏感性分析的方法。

【资料】 假定隆大公司本年度生产并销售甲产品 40,000 件,销售单价 18 元,单位变动成本 10 元,固定成本总额 135,000 元,本年度可获税前净利 185,000。现根据该企业的生产能力及市场调查,把计划年度的目标税前净利定为 250,000 元。

【要求】 逐个计算影响计划年度利润的各个因素应怎样变动才能保证目标利润的实现。

习 题 十

【目的】 通过练习,掌握多因素综合变动对利润的影响。

【资料】 假定长征自行车厂在计划期间准备通过技术改造,将过去的产销量 40,000 辆跑车增长 40%;销售单价由原来的 300 元降低 5%;单位变动成本从原来的 150 元降低 10%;而固定成本总额则从原来的 80,000 元增长 20%。

【要求】 根据上述有关资料,预测长征自行车厂在计划年度因四个因素的变动对利润的综合影响。

习 题 十一

【目的】 通过练习,掌握销售预测的趋势预测分析法。

【资料】 假定虹光公司今年上半年各月的实际销售收入如下:

月　份	1月	2月	3月	4月	5月	6月
实际销售额(元)	24,000	23,600	28,000	25,400	26,000	27,000

又假定该公司 6 月份的实际销售金额的原预测数为 27,900 元。

【要求】 分别采用以下方法预测 7 月份的销售额:

1. 算术平均法,结合计算标准离差。

2. 移动加权平均法(令 $\sum W=1$。$W_1=0.01$;$W_2=0.04$;$W_3=0.08$;$W_4=0.12$;$W_5=0.25$;$W_6=0.5$)。

3. 指数平滑法(平滑系数采用 0.6)。

4. 回归分析法。

习 题 十 二

【目的】 通过练习,掌握销售预测的趋势预测分析法。

【资料】 假定青岛啤酒厂今年下半年各月的实际销售量的数据如下:

月 份	7月	8月	9月	10月	11月	12月
销售量(吨)	65	68	70	75	80	90

【要求】 根据上述资料分别采用以下方法对青岛啤酒厂明年1月份的啤酒进行销售预测:

1. 按移动加权平均法(令$\sum W=1$。$W_1=0.01$;$W_2=0.04$;$W_3=0.08$;$W_4=0.12$;$W_5=0.25$;$W_6=0.5$)。

2. 按回归分析法。

习 题 十 三

【目的】 通过练习,掌握利用曲线回归数学模型进行销售预测的方法。

【资料】 假定东芝公司1991~1996年组合音响的实际销售额的数据如下:

年 度	1991	1992	1993	1994	1995	1996
销售额(百万元)	24	48	36	80	76	128

【要求】 采用二次曲线法为东芝公司预测1997年组合音响的销售额。

习 题 十 四

【目的】 通过练习,掌握销售预测的因果预测分析法。

【资料】 假定恒生火花塞厂专门生产内燃机上的点火装置火花塞,而决定火花塞销售量的主要因素是内燃机的销售量。假如这两者的实际销售资料有如下表所示:

年 度	1991年	1992年	1993年	1994年	1995年
内燃机销售量(百万台)	2	2.5	3	3.5	4
火花塞销售量(百万只)	58	66	69	78	79

假定计划期(1996年度)内燃机销售量根据该行业公会的预测为4.5百

万台。

【要求】 采用最小平方法(即回归分析法)为恒生厂预测1996年的火花塞销售量。

习 题 十 五

【目的】 通过练习,掌握成本预测的基本方法。

【资料】 假定利华公司近五年来甲产品的产销量及成本水平如下表所示:

年　　　度	1991年	1992年	1993年	1994年	1995年
产量(台)	250	200	300	360	400
总成本(元)	275,000	240,000	315,000	350,000	388,000
其中:固定成本总额	86,000	88,000	90,000	89,000	92,000
单位变动成本	756	760	750	725	740

若计划年度(1996年)的预计产量为450台。

【要求】 分别采用以下方法为利华公司预测1996年甲产品的总成本和单位成本:

1. 按高低点法。
2. 按加权平均法(令$\sum W=1$。$W_1=0.03$;$W_2=0.07$;$W_3=0.15$;$W_4=0.25$;$W_5=0.5$)。
3. 按回归分析法。

习 题 十 六

【目的】 通过练习,掌握成本预测的基本方法。

【资料】 北京理光打字机厂专门生产并销售英文打字机,若其最近五年的成本历史资料如下表所示:

年　　　度	1991年	1992年	1993年	1994年	1995年
产量(台)	20	80	60	40	100
单位变动成本(元)	600	300	450	550	400
固定成本总额(元)	4,000	5,200	5,400	4,800	6,000

若计划年度(1996年)的预计产量为115台。

【要求】 根据上述资料分别采用以下三种方法为理光厂的打字机预测其1996年的总成本和单位成本:

1. 高低点法。
2. 加权平均法(令$\sum W=1$。$W_1=0.03$;$W_2=0.07$;$W_3=0.15$;$W_4=0.25$;$W_5=0.5$)。
3. 回归分析法。

习 题 十 七

【目的】 通过练习,掌握资金需要量预测的销售百分比法。

【资料】 假定长江公司1995年度的生产能力只利用了65%,实际销售收入总额为850,000元,获得税后净利42,500元,并以17,000元发放了股利。该公司1995年末的简略资产负债表如下:

长江公司资产负债表

1995年12月31日　　　　　　　　　　　单位:元

资　产		权　益	
1. 现金	20,000	1. 应付帐款	100,000
2. 应收帐款	150,000	2. 应付税捐	50,000
3. 存货	200,000	3. 长期负债	230,000
4. 固定设备(净额)	300,000	4. 普通股股本	350,000
5. 长期投资	40,000	5. 留存收益	40,000
6. 无形资产	60,000		
资产总计	770,000	权益总计	770,000

若长江公司计划年度(1996年)预计销售收入总额将增至1,000,000元,并仍按1995年度股利发放率支付股利。1996年折旧准备提取数为60,000元,其中70%用于更新改造原有的固定设备。又假定1996年零星资金需要量为25,000元。

【要求】 采用销售百分比法为长江公司预测计划年度需要追加多少资金。

习 题 十 八

【目的】 通过练习,掌握资金需要量预测的回归分析法。

【资料】 假定利民公司近五年的资金总量和销售收入总额的历史数据如下表所示：

年　　度	1991年	1992年	1993年	1994年	1995年
销售收入总额(千元)	792	860	840	890	1,000
资金总量(千元)	500	540	520	550	580

若利民公司计划年度(1996年)销售收入总额的预测值为1,160千元，又计划年度已拥有的资金总量为600千元。

【要求】 为利民公司预测1996年还需追加多少资金？

四、短期经营决策

习 题 一

【目的】 通过练习,掌握新产品开发的决策分析方法。

【资料】 假定通源公司原来生产老产品甲,现拟利用现有生产能力开发新产品A或新产品B。若开发新产品A,老产品甲需减产三分之一;如开发新产品B,老产品甲需减产五分之二。这三种产品的产量、售价和成本资料列示如下:

产品名称	老产品甲 (实际数)	新产品A (预计数)	新产品B (预计数)
生产量	6,000件	2,000件	2,500件
销售单价	60元	80元	73元
单位变动成本	40元	56元	51元
固定成本总额	40,000元		

【要求】 根据上述资料为开源公司作出以开发哪种新产品较为有利的决策分析。

习 题 二

【目的】 通过练习,掌握是否接受追加订货的决策分析方法。

【资料】 假定大明机器厂专门生产龙门刨床,全年最大生产能力为500台,正常产销数量为400台,若龙门刨床的销售单价为24,000元,其单位成本资料如下:

直接材料	6,500元
直接人工	5,400元
制造费用	8,000元
其中:变动费用	3,100元
固定费用	4,900元
单位产品成本	19,900元

【要求】

1. 现有外地客户前来订货 100 台,只愿出价每台 15,800 元,试问该项订货能否接受?请用数据加以证明。

2. 若外地客户来订货 110 台,这时大明厂如接受订货,需减少正常的产品销售量 10 台,但对方出价仍为每台 15,800 元,试问这项订货能否接受?请用数据加以证明。

习 题 三

【目的】 通过练习,掌握是否接受追加订货的决策分析方法。

【资料】 祥云体育用品公司以专门生产向国外销售的高质量的排球闻名于世,原设计生产能力为年产 7,000 盒(每盒 4 只球)。该公司销售部经理根据国际市场调查,原拟在明年生产并销售 5,000 盒,销售单价为 100 美元,其预计的简明收益表如下:

祥云公司简明收益表

199×年度　　　　　　　　　　　　　　　单位:美元

销售收入	500,000
销售成本	400,000
销售毛利	100,000
推销及管理费	110,000
税前净利	(10,000)

上表"销售成本"项目中包括每盒 40 美元的变动成本,其余为固定制造费用;在"推销及管理费"项目中,包括每盒 10 美元的销售佣金,余为固定费用。现在古巴排球协会委托香港某代理机构向祥云公司订货 1,000 盒,每盒出价 78 美元,这笔交易无需支付销售佣金,但需支付香港某代理机构安排交易的酬金 5,000 美元。

【要求】 根据上述资料作出该项追加订货是否能接受的决策分析,并将计算数据填入下表:

项 目	拒绝接受订货	接 受 订 货	差 量
销售收入			
变动成本			
变动制造成本			
变动推销及管理成本			
小　　计			
贡献毛益总额			
固定成本：			
固定制造成本			
固定推销及管理成本			
小　　计			
税前净利			

习 题 四

【目的】 通过练习,掌握联产品是否需要进一步加工的决策分析方法。

【资料】 钟山化工厂在同一生产过程中产出联产品 A、B、C 三种,其有关资料如下表所示:

产品名称	产　量（吨）	联合成本（元）	分离后立即出售的单价（元）	分离后进一步加工的成本（元）	加工后的销售单价（元）
A	800	8,000	26	13,600	48
B	400	24,000	380	36,000	490
C	200	2,000	18	2,000	25

【要求】 根据上述资料,计算出哪些联产品分离后立即出售有利?哪些联

产品进一步加工后再行出售有利?

习 题 五

【目的】 通过练习,掌握半成品是否需要进一步加工的决策分析方法。

【资料】 南京炼油厂从原油中提炼出来的煤油,既可作为商品煤油立即出售,也可进一步通过裂化加工形成汽油和柴油后再行出售。假定煤油经过裂化加工的收得率是:汽油86%,柴油6%;损失率是8%。假定裂化加工的加工费为每加仑1.10元。三种油每加仑的销售单价分别为:汽油3.80元,柴油1.90元,煤油2.20元。目前该厂现有煤油50,000加仑。

【要求】 对南京炼油厂的煤油裂化加工方案进行决策分析,视其是否可行。

习 题 六

【目的】 通过练习,掌握次品是否需要进一步加工的决策分析方法。

【资料】 长城电扇公司明年准备生产20万片风扇叶片,根据过去经验估计,次品率为10%。叶片的单位成本如下:

直接材料	2.50元
直接人工	1.20元
变动制造费用	1.00元
固定制造费用	0.30元
单位成本	5.00元

假定叶片正品的销售单价为10元,而次品只能售3元。若次品经过加工修理后,仍可按正品价格出售。次品的加工成本如下:

直接材料	1.60元
直接人工	0.90元
变动制造费用	0.80元

又假定叶片的推销及管理成本,不论是正品或次品,平均每片摊1元。

【要求】 为长城公司作出次品叶片是按每片3元出售,还是加工修理后按正品价出售有利的决策分析。这两个不同方案会使长城公司的税前净利发生多大差额?

习 题 七

【目的】 通过练习,掌握零部件是自制还是外购的决策分析方法。

【资料】 北京机床厂专门制造镗床,其中甲零件过去都是自制,全年需要量 6,400 个。近有某台商愿意提供该项零件,索价每个 25 元。公司生产部经理要求财会部门就此项零件编制最近一年的实际成本单,以便决定取舍。成本单的数据列示如下:

单位:元

成 本 项 目	金 额
直接材料	9
直接人工	7
变动制造费用	4
固定制造费用:	
其中:专属固定费用	3
共同固定费用	5
单位成本	28

【要求】

1. 假定北京机床厂停止生产该项零件,其有关生产设备别无其他用途,那么该厂应否向台商购入该项零件?请用数据加以证明。

2. 假定该厂停止生产该项零件,其有关设备可用于生产另一新产品,每年可提供贡献毛益总额 15,800 元。在这样情况下,该厂应否向台商购入该项零件?请用数据加以证明。

习 题 八

【目的】 通过练习,掌握配料是购买还是自制的决策分析方法。

【资料】 假定锦州日用化工厂计划生产一种新牌香水,其中某种配料每年需要 180,000 千克,现该厂有剩余生产能力可以自制,其成本经估算如下:

直接材料 600,000 元

直接人工 100,000 元

变动制造费用 60,000 元

固定制造费用　　　　　　　　　　　　　　　65,000 元

同时,该厂总经理对这 180,000 千克的配料也考虑向天津化工厂购买,每千克购价 4.25 元,另加运费 0.40 元/千克。假定锦州日用化工厂不自制这种配料,其剩余生产能力可制造另一种产品,每年可提供贡献毛益总额 20,000 元。

【要求】 为锦州日用化工厂作出该项配料是自制还是外购的决策分析。

习 题 九

【目的】 通过练习,掌握零部件是自制还是外购的决策分析方法。

【资料】 假定英韬公司专门生产并销售柴油机,全年需要油嘴 20,000 个,过去均属向市场上采购,外购单价 15 元。该公司金工车间明年有剩余生产能力可以自制油嘴,其单位成本资料如下:

直接材料	6 元
直接人工	5 元
变动制造费用	3 元
固定制造费用	2 元
单位成本	16 元

现在出现两种情况:

1. 若金工车间不自制,其生产设备可出租给中兴工厂,每月可得租金净收入 2,100 元。

2. 若金工车间自制,需增购一台专用设备,全年需支付固定成本 18,000 元。如不自制,原生产设备无其他用途。

【要求】 根据上述两种不同情况,为英韬公司分别作出油嘴是自制还是外购的决策分析。

习 题 十

【目的】 通过练习,掌握本·量·利分析法在零部件是自制还是外购的决策中的应用。

【资料】 假定绿杨公司所需用的甲零件的外购单价和自制单位成本的有关数据如下:

单位：元

外　购　方　案		自　制　方　案	
800 件以内购进单价	10	直接材料	4
		直接人工	2
800 件以上购进单价	9	变动制造费用	2
		专属固定成本	1,000

【要求】 根据上述资料，为绿杨公司作出甲零件的全年需要量在何种情况下采用外购方案为宜？又在何种情况下采用自制方案较优？

习 题 十 一

【目的】 通过练习，掌握亏损产品是否应停产的决策分析方法。

【资料】 假定丽新公司产销甲、乙、丙三种产品，其中甲产品是亏损产品乙、丙两种是盈利产品。它们按传统方式编制的收益表资料列示如下：

单位：元

产品名称	甲 产 品	乙 产 品	丙 产 品
销售收入	4,000	6,000	8,000
制造成本：			
直接材料	900	800	1,400
直接人工	800	700	800
变动制造费	700	600	600
固定制造费	1,100	1,000	1,600
非制造成本：			
变动推销管理费	600	900	1,200
固定推销管理费	400	600	800
销售成本合计	4,500	4,600	6,400
净前净利	(500)	1,400	1,600

【要求】

1. 为丽新公司作出甲产品是否应停产的决策分析（假定甲产品停产后，其生产设备不能移作他用）。

2. 假定甲产品停产后,其生产设备可出租给别的工厂,预计每年可获得租金净收入 1,800 元,那么在这种情况下甲产品是否应停产?

习 题 十 二

【目的】 通过练习,掌握亏损的生产线是否应停止生产的决策分析方法。

【资料】 麦克公司专门生产并销售三种型号的烤肉架,今年这三条生产线的损益情况如下表所示:

单位:元

项 目	超豪华型	豪华型	无敌型	总 计
销售收入总额	200,000	240,000	200,000	640,000
变动成本总额	120,000	180,000	160,000	460,000
贡献毛益总额	80,000	60,000	40,000	180,000
固定成本总额	60,000	50,000	50,000	160,000
税前净利	20,000	10,000	(10,000)	20,000

【要求】 根据上述资料为麦克公司作出无敌型生产线是否应停止生产的决策分析,并将计算数据填入下表:

项 目	保留无敌型	停止无敌型	差 量
销售收入总额			
变动成本总额			
贡献毛益总额			
固定成本总额			
税前净利			

习 题 十 三

【目的】 通过练习,掌握采用不同生产设备进行加工的决策分析方法。

【资料】 假定燕山工厂专门制造并销售甲产品,过去一直采用半自动化设备进行生产,其最大的年生产能力为 40,000 件,其单位变动成本为 16 元,固定成本总额为 200,000 元。甲产品的销售单价为 36 元。现在为了提高产品的产量和质量,准备购置全自动化设备。这样,将使固定成本总额增加 50%,生产能力可提高 25%,而单位变动成本则可降低到 11 元。

【要求】 为燕山工厂作出在什么产量条件下采用自动化设备才是有利的决策分析。

习题十四

【目的】 通过练习,掌握采用不同工艺进行加工的决策分析方法。

【资料】 假定茂新工厂原采用手工操作,年产甲产品 10 万件;若采用机械化生产,则产量可提高 50%,并可将直接人工成本降低 3/4,但间接人工、动力费、折旧费、维修费等则将大幅度提高,其情况如下表所示:

成本项目	手工操作成本(10 万件)	机械化操作后成本变动率
直接人工	80,000 元	降低 3/4
间接人工	10,000 元	增长 50%
动力费	8,000 元	增长 60%
折旧费	16,000 元	增长 60%
维修费	6,000 元	增长 60%

假定计划年度市场对甲产品的需求量只有 10 万件。

【要求】 根据上述资料为茂新工厂作出甲产品的生产是采用机器操作还是手工操作的决策分析。

习题十五

【目的】 通过练习,掌握选择生产哪种产品能使生产能力得到充分利用的决策分析方法。

【资料】 假定连庆工厂目前生产能力的利用程度(用机器小时反映)为 85%,共生产甲、乙、丙三种产品,其有关售价、成本及利润资料如下:

单位：元

产品名称	甲产品	乙产品	丙产品
销售单价	42.60	48.20	25.30
单位变动成本	21.00	34.60	18.20
单位固定成本	10.80	3.60	1.80
单位税前利润	10.80	10.00	5.30

假定连庆工厂每件产品的固定成本是按机器小时分配的，每一机器小时分配 1.80 元。

【要求】 连庆工厂为了充分利用剩余的 15% 生产能力，以生产哪种产品可获得较高的经济效益？请用数据加以证明。

习 题 十 六

【目的】 通过练习，掌握最优生产批量的决策分析方法。

【资料】 假定欧亚公司全年需用甲零件 1,600 个，专门生产甲零件的设备每天生产 10 个，每日领用 5 个，每批调整准备成本为 50 元，每个零件的年平均储存成本为 2 元，每个零件的生产成本为 14 元。

【要求】 采用公式法分别计算甲零件的最优生产批量、最优生产批数以及全年最低的总成本。

习 题 十 七

【目的】 通过练习，掌握最优生产批量的决策分析方法。

【资料】 假定夏利公司每年需用甲、乙两种零件，由一台设备分批轮换生产，其有关资料列示如下：

摘 要	甲零件	乙零件
全年需要量	36,000 个	72,000 个
每批调整准备成本	200 元	300 元
每个零件全年平均储存成本	3 元	2 元
每日产量	300 个	400 个
每日领用量	100 个	200 个

【要求】

1. 确定甲、乙两种零件的最优生产批量。

2. 假定夏利公司今年只生产甲零件一种,那么其最优生产批量、最优生产批数以及全年最低的总成本各为多少?

习 题 十 八

【目的】 通过练习,掌握最优生产组合的决策分析方法。

【资料】 假定泰辰公司计划年度准备生产甲、乙两种产品,其有关资料如下:

产 品 名 称	甲 产 品	乙 产 品
销售单价	45 元	15 元
单位变动成本	35 元	9 元
生产单位产品所需机器小时		
金工车间	4 机器小时	1 机器小时
装配车间	2 机器小时	3 机器小时

若计划年度金工车间的最大生产能力为 4,500 机器小时;装配车间的最大生产能力为 7,500 机器小时。又根据市场预测,甲产品的最大销售量为 1,000 件,乙产品的最大销售量为 2,500 件。

【要求】

1. 列出目标函数和约束条件的方程式;

2. 甲、乙两种产品应怎样组合才能合理利用现有生产能力,并获得多少金额的最大贡献毛益?

习 题 十 九

【目的】 通过练习,掌握成本最低化的线性规划方法。

【资料】 假定静安金属公司接到某客户的定单,拟购买该公司的废铝料,购买量至少为 2,500 千克。根据该定单的要求,废铝中至少应含有 1,200 千克的高级铝料,以便回炉使用;另外又规定废铝料中所含的杂质金属不得超过 480 千克。

该公司的废铝料通常系向本市的甲、乙两个废金属回收站购进,它们供应

的废铝料成份,经过化验分析,其有关数据如下:

供应单位	高级铝料	杂质金属
甲回收站	80%	20%
乙回收站	30%	15%

假定这两个供应站所供应的数量均无限制。在价格方面,甲回收站索价 0.25 元/千克;乙回收站索价 0.12 元/千克。现静安公司希望能以最低的成本向甲、乙两回收站购入废铝料后,再予以混合,转售给客户。

【要求】
1. 列出该公司购进铝料的目标函数和约束条件的方程式;
2. 通过计算,求出该公司向甲、乙两回收站各购进多少废铝料,才能使自己的转售成本为最低。

习 题 二 十

【目的】 通过练习,掌握产品生产的最优组合的决策分析方法。

【资料】 假定长江机器厂现有生产能力 100,000 工时,共生产甲、乙两种产品,其有关资料如下:

产品名称	甲产品	乙产品
每件定额工时	20 工时	5 工时
销售单价	20 元	14 元
单位变动成本	12 元	10 元
固定成本总额	46,000 元	

又假定甲产品在市场上销售无限制,而乙产品在市场上最多只能售出 15,000 件。

【要求】 为长江机器厂确定应如何合理安排甲、乙两种产品的生产,才能使该厂获得最多的贡献毛益。

习 题 二 十 一

【目的】 通过练习,掌握生产能力如何充分利用的决策分析方法。

【资料】 假定索尼公司主要生产并销售便携式、台式两种收音机,其有关

数据如下:

产品种类	便携式	台式
市场最大销售量	100,000 台	20,000 台
每台需要工时	2 工时	10 工时
销售单价	400 元	500 元
单位变动成本	320 元	300 元
已分配的固定成本总额	1,620,000 元	3,580,000 元

若计划年度索尼公司的最大生产力为 250,000 工时。

【要求】 为索尼公司作出如何把生产能力分配给这两种型式的收音机,使企业获得税前净利最大的决策分析。

习 题 二 十 二

【目的】 通过练习,掌握按变动成本法加成的定价方法。

【资料】 宏大公司在计划年度准备生产甲产品 20,000 件,其预期的成本资料如下:

制造成本:	
直接材料	300,000 元
直接人工	200,000 元
变动制造费用	100,000 元
固定制造费用	200,000 元
非制造成本:	
变动推销及管理费用	66,600 元
固定推销及管理费用	60,000 元
总成本	926,600 元

【要求】 若宏大公司的销售部经理希望计划年度在甲产品上获得的贡献毛益总额不低于其变动成本总额的 50%,那么采用按变动成本法加成,甲产品的定价应为多少?

习 题 二 十 三

【目的】 通过练习,掌握按全部成本法加成的定价方法。

【资料】 假定拉达公司计划年度准备生产 A 产品 10,000 件,其预期的成本资料如下:

制造成本:
  直接材料　　　　　　　　　　　　　420,000 元
  直接人工　　　　　　　　　　　　　365,000 元
  变动制造费用　　　　　　　　　　　345,000 元
  固定制造费用　　　　　　　　　　　586,000 元

非制造成本:
  变动推销及管理费用　　　　　　　　244,000 元
  固定推销及管理费用　　　　　　　　160,000 元

若拉达公司计划年度营业资产平均占用额为 4,400,000 元,预期投资报酬率为 15%。又假定该公司销售部经理决定对 A 产品采用按全部成本法加成进行定价。

【要求】
1. 计算按全部成本法的"成本加成"是多少?
2. 计算目标售价是多少?

习题二十四

【目的】 通过练习,掌握系列产品的定价方法。

【资料】 假定安阳化工设备厂过去生产过两种规格的化肥设备,它们的市价资料如下:

  年产 20,000 吨的化肥设备　　　　　3,250,000 元
  年产 50,000 吨的化肥设备　　　　　5,660,000 元

今年安阳化工设备厂又生产了年产 10,000 吨的化肥设备。

【要求】
1. 计算化肥设备系列产品的 n 值是多少?
2. 按照 0.6 指数法,为年产 10,000 吨的化肥设备定价。

习题二十五

【目的】 通过练习,掌握以保本为基础的定价方法。

【资料】 假定夏普公司生产 A 产品的单位变动成本为 80 元,固定成本总额 40,000 元,现该公司销售部经理为了参加国际贸易洽谈会,希望能获

得该产品自 100~800 件的一系列保本价格报价单(每间隔 100 件),作为谈判的依据。

【要求】 根据给定资料按照保本价格计算公式编制一系列保本报价单。

习 题 二 十 六

【目的】 通过练习,掌握以保利为基础的定价方法。

【资料】 假定东芝公司生产甲产品的单位变动成本为 120 元,固定成本总额为 80,000 元,目标利润为 120,000 元。现该公司总经理准备去香港参加贸易洽谈会,希望能获得甲产品自 1,000~6,000 件的一系列保利价格报价单(每间隔 1,000 件),作为谈判的依据。

【要求】 根据给定的资料按照保利价格计算公式编制一系列保利价格报价单。

习 题 二 十 七

【目的】 通过练习,掌握经济订货量与再订货点的计算方法。

【资料】 乐华公司每年需用甲材料 100,000 千克,该项材料的耗用率全年基本上保持均匀(全年生产期平均为 360 天),但有时也会超过平均耗用量的 10%。该公司最近作过一次调查,得知甲材料的采购成本为 8 元/千克;年平均储存成本为每千克 0.60 元;采购一次的订货成本为 75 元。根据以往经验,材料采购自提出申请后,需要六天才能由供货单位交货入库。

【要求】

1. 计算该公司的经济订货量及每年的订货次数;
2. 计算该公司全年的订货及储存的总成本;
3. 计算该公司的安全存量;
4. 计算该公司的再订货点。

习 题 二 十 八

【目的】 通过练习,掌握各有关因素对经济订货量的影响。

【资料】 胜利公司每年需用 A 材料 8,000 米,每米的购入成本为 80 元。该公司的材料耗用率全年比较均匀。据估计,每次订货成本为 20 元,至于储存成本则为每年每米 2 元。按胜利公司过去的惯例,每年订购 A 材料 2 次,每次 4,000 米。材料供应商规定,每次订货量必须是 100 米的倍数。

【要求】

1. 计算经济订货量及每年应订货的次数。
2. 若胜利公司将储存成本降低为每米1.50元,则对EOQ的影响如何?
3. 若该公司由于纸张费用上涨,将每次订货成本调高为30元,则对EOQ的影响又如何?
4. 若该公司放弃原来的惯例,从每年订购两次,改按EOQ采购,则该公司每年的订货及储存总成本将节约多少(与本题原来的资料进行比较)?

习题二十九

【目的】 通过练习,掌握根据EOQ计算每年销货量的方法。

【资料】 假定首都汽车配件公司专门经销微型汽车的零部件,其中有电瓶一项系公司直接向光大电瓶厂以每组180元的价格进货,再按每组210元的价格对外零售。其他有关资料如下:

电瓶的EOQ	200组
每次订货成本	8元
每组电瓶一年的平均储存成本	0.50元

【要求】 为首都汽车配件公司计算每年售出电瓶的数量,以及获得利润的数额。

习题三十

【目的】 通过练习,掌握风险型决策的选优方法。

【资料】 假定通化酒厂最近酿制一种新葡萄酒,准备以每瓶6元的价格出售。据该厂会计部门估计,每瓶的变动成本为3.50元。另据该厂销售部门的市场预测,如以每瓶6元推销时,其可能的销售量及其概率资料如下:

全年售出瓶数	概率
10,000	0.1
20,000	0.3
30,000	0.4
40,000	0.2

【要求】
1. 计算该厂推销这种新酒的全年贡献毛益总额的预期价值。
2. 计算该厂以全年推销多少瓶的方案可获得最大的贡献毛益。

习题三十一

【目的】 通过练习,掌握风险型决策的选优方法。

【资料】 假定天原化工公司准备生产新产品甲,但对其销路没有十分把握,通过大量的市场调查,提出以下三种产量方案:

单位:元

质量方案	最乐观的预期利润	最可能的预期利润	最悲观的预期利润
30,000 吨	21,000	17,000	16,000
50,000 吨	25,000	22,000	15,000
60,000 吨	30,000	18,000	13,000
概　率	0.3	0.6	0.1

【要求】 根据上述资料,通过概率分析,评价上述三种方案的优劣。

习题三十二

【目的】 通过练习,掌握风险型决策分析的选优方法。

【资料】 假定丰盛公司在计划年度准备从两种新产品中选出一种作为开发对象。这两种新产品的有关资料除销售量为随机变量外,其余均为肯定的数据,其情况有如下表所示:

新产品名称	新产品甲	新产品乙
销售单价	50元	70元
单位变动成本	25元	34元
固定成本总额	38,000元	
销售量	概　　率	
600 件	—	0.1
800 件	0.1	0.2
1,000 件	0.2	0.1
1,100 件	0.3	0.4
1,200 件	0.3	0.2
1,500 件	0.1	—

【要求】 为丰盛公司在甲、乙两种新产品中作出应推出哪种产品较为有利的决策分析。

习题三十三

【目的】 通过练习,掌握不确定型决策的选优方法。

【资料】 假定炎黄公司在计划期间准备推销新产品A,根据市场调查提出三种产量方案,即6,000台、8,000台和10,000台,在销路好坏的不同情况下,三种产量方案可能获得的税前净利资料如下:

税前净利＼销售情况 ＼产量方案	畅 销	一 般	滞 销
6,000 台	540,000元	420,000元	310,000元
8,000 台	700,000元	400,000元	340,000元
10,000 台	820,000元	380,000元	260,000元

【要求】
1. 采用大中取小法进行选优。
2. 采用折衷决策法进行选优(假定乐观系数为0.6)。

习题三十四

【目的】 通过练习,掌握不确定型的决策分析方法。

【资料】 假定丹阳化肥公司准备在计划年度新建一个磷肥厂,经过市场调查,现有三种产量方案可供选择,它们能提供的贡献毛益资料如下:

贡献毛益总额＼销售情况 ＼产量方案	畅 销	正 常	滞 销
300 万吨	500万元	350万元	180万元
200 万吨	360万元	300万元	200万元
50 万吨	94万元	80万元	50万元

【要求】 分别采用以下四种方法进行选优：
1. 大中取大法；
2. 大中取小法；
3. 小中取大法；
4. 赫威兹决策法（假定乐观系数为0.7）。

六、长期投资决策

习 题 一

【目的】 通过练习,掌握复利终值的计算方法。

【资料】 假定华都公司为了准备六年后购置一台新的生产设备,现在从留存收益中提出 30,000 元一次存入银行。若银行六年期的存款利率为 14%(复利)。

【要求】 计算华都公司六年后可向银行取得多少"本利和"来购买新设备。

习 题 二

【目的】 通过练习,掌握复利期数的计算方法。

【资料】 假定科海公司准备购置一台数控车床,需款 348,000 元。现从该公司未分配利润中提出 125,000 元存入银行,若银行存款的复利年利率为 9%。

【要求】 为科海公司计算需将 125,000 元在银行中存放多少年,才能使其本利和足够支付上述数控车床的价款。

习 题 三

【目的】 通过练习,掌握复利利率的计算方法。

【资料】 假定威海公司准备现在从留存收益中提取 60,000 元进行投资,希望在八年后能得到 150,000 元用来更换原有的生产设备。

【要求】 为威海公司计算预期的投资报酬率应为多少,才能保证八年后得到足够的款项来更新设备。

习 题 四

【目的】 通过练习,掌握复利现值的计算方法。

【资料】 假定红塔公司希望在五年后能有 250,000 元的款项,用以购买一台磨床。假定目前银行五年期的定期存款利率为 12%(复利)。

【要求】 为该公司计算现在需一次存入银行多少款项,才能保证五年后有足够的款项购置磨床?

习 题 五

【目的】 通过练习,掌握分批不等额投资的复利终值的计算方法。

【资料】 华西公司有一工程项目需要分批投入款项,假定第一年初投入 200 万元,第二年初投入 250 万元,第四年初投入 300 万元。该工程项目于第四年末建成。若所有投入款项均系向中信银行借来,借款利率为 14%(复利)。

【要求】 为华西公司计算该工程项目的投资总额是多少。

习 题 六

【目的】 通过练习,掌握分期不等额付款的现值的计算方法。

【资料】 假定东风公司向港商分期付款购买生产设备,在年初签订合同时先付款 40,000 元,第一年末付 20,000 元;第二年至第四年每年末付 25,000元,第五年末再付 30,000 元。所有款项均系向工商银行借来,借款利率为 12%(复利)。

【要求】 为东风公司计算该项设备的现值是多少?

习 题 七

【目的】 通过练习,掌握普通年金的计算方法。

【资料】 假定鲁南矿业公司连续三年于每年末向交通银行借款 2,000 万元,对原有矿山进行改建和扩建。假定借款的复利年利率为 12%。若该项改扩建工程于第四年初建成投产。

【要求】

1. 计算该项改扩建工程的总投资额是多少?

2. 若该公司在工程建成投产后,分七年等额归还交通银行全部借款的本息,每年末应归还多少?

3. 若该公司在工程建成投产后,每年可获净利和折旧 1,800 万元,全部用来偿还交通银行的全部贷款本息,那么需要多少年可以还清?

习 题 八

【目的】 通过练习,掌握普通年金现值的计算方法。

【资料】 长城公司为了提高产品质量,已决定向昌平公司购买专用技术,双方在合同上订明:长城公司分十年支付技术转让费给昌平公司,前五年每年末支付 30,000 元,后五年每年末支付 20,000 元。假定银行存款利率为 8%(复利)。

【要求】 为长城公司计算该项专用技术的现值是多少?

习 题 九

【目的】 通过练习,掌握通过对两个方案的回收投资额的普通年金现值的计算和比较,来评价方案优劣的方法。

【资料】 假定华联公司现有 A、B 两个投资方案可供选择;A、B 两项目的一次投资总额均为 20 万元,经济寿命均为十年。若投资款项系从银行借入,利率为 14%(复利)。但 A 项目在十年内每年末可回收投资 3 万元,回收总额为 30 万元。B 项目在前五年内,每年末可回收投资 4 万元;后五年内,每年末可回收 2 万元,回收总额亦为 30 万元。

【要求】 为华联公司作出 A、B 两个投资方案孰优的决策分析。

习 题 十

【目的】 通过练习,掌握预付年金终值的计算方法。

【资料】 假定中兴公司有一建设项目,需分四次投资,每年初投入 150 万元。预计该项目于第四年末建成。若该公司的投资款是从银行借来的,借款利率 16%。

【要求】 计算中兴公司该建设项目的总投资额是多少?

习 题 十一

【目的】 通过练习,掌握预付年金现值的计算方法。

【资料】 假定维利公司计划年度需增加一台数控铣床,若向市场上购买,需一次付现 140,000 元,可用十年,当时的货币时间价值为 12%。如果向租赁公司租用,则需在十年内每年初支付租金 18,000 元。

【要求】 为维利公司作出是购买还是租用的决策分析。

习 题 十 二

【目的】 通过练习,掌握递延年金的终值与现值的计算方法。

【资料】 假定三亚公司于今年初发行一种八年期的公司债,当时的货币时间价值为 12%,发行条例上订明:前两年不偿还本息,但从第三年起直至第八年止每年末每张公司债还本付息 240 元。

【要求】

1. 计算到第八年末止,每张公司债共还本付息多少金额。
2. 根据上述资料为市场上的潜在投资者计算购买该项公司债每张最多愿出价多少?

习 题 十 三

【目的】 通过练习,掌握投资风险价值的计算方法。

【资料】 假定三得利公司准备以 1,500 万元投资筹建啤酒厂,根据市场预测,预计该公司在三种不同的销售情况下可能获得的净利及其概率的数据如下:

市场销售情况	预计每年可获净利	概 率
畅　　销	600 万元	0.3
一　　般	500 万元	0.5
滞　　销	300 万元	0.2

若啤酒行业的风险系数为 0.6;计划年度正常的货币时间价值为 12%。

【要求】 为三得利公司计算创办啤酒厂的预期的风险报酬额和风险报酬率,并为该公司创办啤酒厂的投资方案是否可行作出评价。

习 题 十 四

【目的】 通过练习,掌握长期投资项目总资本的加权平均成本的计算。

【资料】 假定豫园公司有一长期投资项目共需资本 3,400 万元,经董事会决定,资本来源由以下五个方面组成:

资本种类	资本金额	资本成本
长期借款	1,000 万元	7.2%
公 司 债	2,000 万元	8.3%
优 先 股	100 万元	10.5%
普 通 股	280 万元	15.6%
留存收益	20 万元	15%

【要求】 计算该投资项目全部资本的加权平均成本。

习 题 十 五

【目的】 通过练习,掌握现金净流量的计算与现金流量计算表的编制方法。

【资料】 静安电器厂准备在计划年度推出生产音乐门铃的新项目,假定寿命周期为五年,第一年固定生产设备投资 30,000 元,期满有残值 2,000 元;同时垫支流动资产 8,000 元,于第五年末全数变现收回。若门铃的销售单价为 15 元,单位变动成本为 13 元。第一年销售量估计为 18,000 只,固定成本总额为 25,000 元(包括厂房租金和设备折旧两项)。后四年的销售量估计为 20,000 只,各年的固定成本总额(仍包括租金和折旧两项)均为 30,000 元,又所得税率为 35%,生产设备折旧按直线法计提。

【要求】

1. 分别计算各年的税后净利和现金净流量,并填入以下的预计收益表内。

静安电器厂预计收益表

计划年度

项　　目	第1年	第 2、3、4、5 年
销售收入		
销售成本:		
付现变动成本总额		
付现固定成本总额		
生产设备折旧		
小　　计		
税前净利		
所得税		
税后净利		
各年的现金净流量(NCF)		

2. 将各年的现金流量和原始投资及期满回收各项目,填入以下的预计各年的现金流量计算表内。凡现金流出项目的金额前后,加半圆括号( );现金流入项目的金额前后,不加半圆括号( )。

静安电器厂预计现金流量计算表

年 份	0	1	2	3	4	5
生产设备投资						
流动资产垫支						
各年的现金净流量						
回收设备残值						
回收流动资产						
各年现金流量合计						

习 题 十 六

【目的】 通过练习,掌握净现值法的具体应用。

【资料】 假定中原公司在计划年度有 A、B 两个投资方案可供选择,寿命期限均为八年,原投资额均为 100,000 元,资本成本为 12%,两个方案各年的 NCF 如下表所示:

单位:元

年份	1	2	3	4	5	6	7	8	合 计
A 方案各年的 NCF	20,000	20,000	20,000	20,000	20,000	20,000	20,000	20,000	160,000
B 方案各年的 NCF	40,000	30,000	30,000	20,000	10,000	10,000	10,000	10,000	160,000

【要求】 根据上述资料采用净现值法来评价 A、B 两个投资方案哪个可行,并用数据加以证明。

习 题 十 七

【目的】 通过练习,掌握净现值法、现值指数法和内含报酬率法的具体应用。

【资料】 假定晨光机器厂明年准备添置一台数控车床,购入成本为167万元,安装成本1万元;预计该车床可使用十二年,期满残值为18,000元。使用该机床后,每年可使晨光厂增加税后净利146,800元。若资本成本为14%。

【要求】 根据上述资料,分别采用净现值法和内含报酬法,对该项投资方案是否可行,作出决策分析。

习 题 十 八

【目的】 通过练习,掌握净现值法、现值指数法和内含报酬率的具体应用。

【资料】 假定宁青公司有一笔资金320,000元,既可投资于农业,亦可投资于矿业。若农业及矿业在各年末发生的现金净流量资料,如下表所示:

各年末NCF的预计表

单位:元

年 度	第1年末	第2年末	第3年末	第4年末	第5年末
农 业	30,000	60,000	90,000	120,000	150,000
矿 业	150,000	120,000	90,000	60,000	30,000

若该公司的预期投资报酬率为10%。

【要求】 分别采用下述三种方法对农业和矿业两个投资方案的经济效益进行评价:

1. 净现值法;
2. 现值指数法;
3. 内含报酬率法。

习 题 十 九

【目的】 通过练习,掌握回收期法和平均投资报酬率法的具体应用。

【资料】 假定正泰公司在计划年度有A、B两个投资方案可供选择,原始投资都是一次投入500,000元,寿命使用期限均为五年,期满无残值,采用直线法计提折旧,资本成本为14%。两方案各年有关现金净流量(NCF)的数据如下表所示:

单位：元

年 份	A 方案			B 方案		
	净 利	折 旧	NCF	净 利	折 旧	NCF
1	120,000	100,000	220,000	130,000	100,000	230,000
2	120,000	100,000	220,000	110,000	100,000	210,000
3	120,000	100,000	220,000	140,000	100,000	240,000
4	120,000	100,000	220,000	100,000	100,000	200,000
5	120,000	100,000	220,000	120,000	100,000	220,000
合 计	600,000	500,000	1,100,000	600,000	500,000	1,100,000

【要求】 分别采用回收期法及平均投资报酬率法(以平均净利为基础)来评价 A、B 方案孰优。

习 题 二 十

【目的】 通过练习，掌握净现值法、现值指数法、内含报酬率法、回收期法、平均投资报酬率法的综合应用。

【资料】 假定捷达公司计划年度拟购置一台自动化设备需款 120,000 元。该设备可使用六年，期满有残值 6,000 元，每年按直线法计提折旧。使用该项自动化设备可使捷达公司每年增加税后净利 13,000 元。若该公司的资本成本为 14%。

【要求】 分别采用以下五种方法来评价上述设备的购置方案是否可行：
1. 净现值法；
2. 现值指数法；
3. 内含报酬率法；
4. 回收期法；
5. 平均投资报酬率法(以年均净利为基础)。

习 题 二 十 一

【目的】 通过练习，掌握分批投资情况下的决策分析方法。

【资料】 假定东海炼油厂有一套生产设备需五年建成,每年末投入454,000元;若资本成本为10%。该生产设备建成后,每年末可获税后净利180,000元,并提取折旧277,167元。又假定该套生产设备使用寿命为十年,期满无残值。

【要求】
1. 计算该项生产设备的投资总额为多少?
2. 分别采用净现值法、内含报酬法和回收期法对该投资项目进行评价。

习题二十二

【目的】 通过练习,掌握在分期投资情况下的决策分析方法。

【资料】 金山化工厂有一建设项目需三年建成。第一年初投资150万元,第二年初投资100万元,第三年初投资50万元。由于该项目是边建设、边投产,因而从第二年末开始就有收益,其数据如下:

单位:元

年度	第2年末	第3年末	第4年末	第5年末	第6年末	第7年末	第8年末
NCF	300,000	400,000	500,000	800,000	1,200,000	1,500,000	1,000,000

又假定该项目的寿命期限为八年,期满无残值,资本成本为12%。

【要求】 采用净现值法法,评价该项目是否可行。

习题二十三

【目的】 通过练习,掌握旧设备是否需要售旧换新的决策分析方法。

【资料】 牡丹公司于本年初购置车床一台,原价35,000元,估计可使用十年,期满尚有残值2,000元。最近有一推销商向该公司推荐一种用电脑控制的新车床,售价50,000元。若购进后,可使该公司的每年销售收入从100,000元增长到115,000元;而每年的变动成本也将从原来的86,000元增加到91,800元。该项新型车床的使用寿命亦为十年,期满也有残值2,000元。若旧车床立即出售,可得价款20,000元。同时公司认为采用新车床有相当大的风险,故其资本成本订得较高,为18%。

【要求】 根据上述资料,采用净现值法结合差量分析,对该项售旧换新的方案是否可行作出评价。

习题二十四

【目的】 通过练习,掌握净现值法结合差量分析在长期决策中的应用。

【资料】 中原公司有一台机器原价 80,000 元,购入后因改变工艺流程从未用过。为了处理这台机器有两个方案可供选择:

1. 外地长江机器厂拟出价 56,000 元购买,但需中原公司承担拆卸、包装及运输费用,估计需支付 12,000 元。

2. 本市黄河机器厂拟租用这台机器十年,每年末愿支付租金 8,000 元,但需中原公司承担该项机器的维修费和保险费,估计每年需支付 1,000 元。又假定租赁期满,该机器无残值。该公司的资本成本为 12%。

【要求】 根据上述资料,采用净现值法结合差量分析,对以上两方案进行评价。

习题二十五

【目的】 通过练习,掌握生产设备的经济寿命及其最低年均成本的计算方法,以便作出固定资产的更新决策。

【资料】 假设思南公司有一台机器原价 20,000 元,其实物寿命为十年,期满有残值 1,500 元,已使用五年。若该机器的劣势成本每年增加 500 元。

【要求】 采用简便的方法计算该机器的经济寿命及其相应的最低年均成本,并作出在何时更新设备最为合适。

习题二十六

【目的】 通过练习,掌握生产设备是翻新还是更新的决策分析方法。

【资料】 友谊公司有一台旧设备,还可大修两次,每次大修费用为 10,000 元,每次大修后可继续使用三年,期满无残值。如购买一台性能型号相同的新设备需支付 40,000 元,可使用八年,八年后残值为 3,000 元。若新旧设备的产量、消耗和产品售价相同,资本成本为 12%,所得税率为 33%。

【要求】 为友谊公司作出该项设备是翻新还是更新的决策分析。

习题二十七

【目的】 通过练习,掌握生产设备是翻新还是更新的决策分析方法。

【资料】 仍依习题二十六的资料,假定友谊公司使用新设备后,不仅每年可节约成本5,000元,还可使每年销售收入增加3,000元。但新设备使用四年后需支付10,000元的大修费用。

【要求】 为友谊公司作出该项设备是翻新还是更新的决策分析。

习题二十八

【目的】 通过练习,掌握生产设备是租赁还是举债购置的决策分析方法。

【资料】 华日公司需要购置一台数控机床,需款600,000元,经济寿命为十年,期满无残值。华日公司使用该机床后,每年可增加销售收入500,000元,折旧以外的付现成本为355,700元,所得税率为40%。这项设备的添置有两个备选方案:一是向工商银行借款,借款利率为14%;另一个是向北方租赁公司租用,每年末需支付租金97,640元。

【要求】 根据上述资料,采用净现值法和内含报酬率法为华日公司作出数控机床是举债购置还是租赁的决策分析。

习题二十九

【目的】 通过练习,掌握生产设备是否应采用租赁方式的决策分析方法。

【资料】 假定中旅公司计划年度拟添置一台生产设备,其经济寿命为十年,期满无残值,使用该设备每年可增加销售收入90,000元;每年除按直线法计提折旧外,付现成本为64,000元,所得税率为35%。添置该项设备有两个备选方案:一是向银行借入100,000元支付全部价款,借款年利率14%(复利);二是采用融资租赁方式向东方租赁公司取得该项设备,签订合同时言明租赁期十年,第一年初支付租金10,000元,以后每年末支付租金15,929元。

【要求】 采用净现值法和内含报酬率法为中旅公司作出是租赁还是举债购置的决策分析。

习题三十

【目的】 通过练习,掌握在资本定量情况下的最优组合的决策分析方法。

【资料】 假定昌黎公司计划年度有资本总额40万元用于长期投资,可供选择的项目有甲、乙、丙、丁、戊、己六个。它们的原投资额及"现值指数"(PVI)的资料如下：

投 资 项 目	甲	乙	丙	丁	戊	己
原投资额(万元)	12	14	10	20	6	9
现值指数(PVI)	1.04	1.30	1.25	1.36	1.18	1.15

【要求】 为昌黎公司作出投资项目最优组合的决策，并计算出最优组合能提供最大的"净现值"总额是多少。

六、全面预算

习 题 一

【目的】 通过练习,掌握销售预算的编制方法。

【资料】 假定长虹公司计划期间19×9年第一季度甲产品各月份的销售量,根据销售预测分别为:1,000件、1,500件、1,800件;其销售单价均为50元。若该公司商品销售货款的回收,按以下办法处理:当月收款60%,次月收款30%,第三个月收款10%。又假定计划期间的期初应收帐款余额为22,000元,其中包括上年度11月份销售的应收帐款4,000元,12月份销售的应收帐款18,000元。

【要求】

1. 计算长虹公司上年度11、12月份的销售总额各为多少?

2. 编制长虹公司计划期间第一季度的分月销售预算以及第一季度的预计现金收入计算表。

习 题 二

【目的】 通过练习,掌握生产预算的编制方法。

【资料】 假定兴华公司根据销售预测,对甲产品19×9年四个月的销售量作出如下预计:

月 份	4	5	6	7
预计销售量	50,000件	60,000件	80,000件	70,000件

按照该公司以往的经验,每个月的期末存货量约为下一个月预计销售量的15%较为恰当。若该公司3月份的期末存货量为7,500件。

【要求】 根据上述资料,为兴华公司编制19×9年第二季度分月份的生产预算。

习 题 三

【目的】 通过练习,掌握直接材料采购预算的编制方法。

【资料】 假定金陵公司计划年度(19×8年)生产甲产品,第一季度生产410件,第二季度生产510件,第三季度生产590件,第四季度生产510件,该产品只需一种材料,每件产品的材料消耗定额为5千克,材料的计划单价为4元。每季期末存料量为下季生产需要量的30%,19×7年末的存料量为600千克,19×9年第一季度的生产需要量为3,000千克。又假定计划期间每季度的购料款,当季付60%,其余40%在下季付讫。19×7年末的应付购料款为4,000元。

【要求】 根据上述资料,为金陵公司编制19×8年的年度分季的直接材料采购预算。

习 题 四

【目的】 通过练习,掌握标准成本单的编制方法。

【资料】 假定信通公司在计划期间(19×9年)的产能标准为20,000直接人工小时,直接人工工资总额为12,000元;制造费用预算总额为18,000元(其中变动费用预算总额为8,000元)。现该公司决定在计划期间制造甲、乙两种产品,其中:甲产品的直接材料消耗定额为100千克/件,计划单价为2元/千克,直接人工为每件80定额工时;乙产品的直接材料消耗定额为140千克/件,计划单价为2.50元/千克,直接人工为每件100定额工时。

【要求】 根据上述资料,为该公司的甲、乙两种产品分别编制标准成本单。

习 题 五

【目的】 通过练习,掌握制造费用弹性预算的编制方法。

【资料】 假定隆昌公司计划期间(19×9年度)制造费用的明细项目如下所示:

成本项目	具 体 情 况
1. 间接人工	基本工资为3,000元;另加每工时的津贴0.10元
2. 物料费	每工时负担0.15元
3. 折旧费	4,800元
4. 维护费	当生产能量在3,000~6,000工时的相关范围内,基数为2,000元;另加每工时应负担0.08元
5. 水电费	基数为800元;另加每工时应负担0.12元

【要求】 为该公司在生产能量 3,000~6,000 工时的相关范围内,编制一套能适应多种业务量(每间隔 1,000 工时)的制造费用弹性预算。

习 题 六

【目的】 通过练习,掌握利润的弹性预算的编制方法。

【资料】 假定艺新公司计划期间(19×9年度)准备将弹性预算法引进到利润预算的编制中去。若该公司计划期间只生产一种甲产品,其贡献毛益率为 45%。另外,根据以往历史经验证明,销售额在 8,000~12,000 元之间时,其固定成本总额将保持 1,500 元不变。

【要求】 若计划期间甲产品的销售额分别为 9,000 元、9,500 元、10,000 元、10,500 元、11,000 元时,请为该公司编制弹性利润预算。

习 题 七

【目的】 通过练习,掌握现金预算的编制方法。

【资料】 乐华公司预计 1997 年 10 月份的现金收支情况如下:

1. 第三季度末的现金余额为 4,500 元。

2. 9 月份实际销售收入为 50,000 元;预计 10 月份销售收入为 56,000 元(该公司的收款条件是当月收现 60%,其余下月收讫)。

3. 9 月份实际购料款为 18,000 元;预计 10 月份购料 16,000 元(该公司的付款条件是当月付现 55%,其余下月付讫)。

4. 该公司预计 10 月份的制造费用和非制造费用总额为 12,000 元(其中包括折旧费 4,000 元)。

5. 预计 10 月份支付直接人工工资总额为 10,000 元。

6. 预计 10 月份购置固定设备 20,000 元。

7. 预计 10 月份支付所得税款 2,000 元。

8. 该公司财务经理规定每日最低库存限额为 4,000 元,不足之数可向银行申请借款,借款额一般应为千元的倍数。

【要求】 根据上述资料,为乐华公司编制 1997 年 10 月份的现金预算。

习 题 八

【目的】 通过练习,掌握现金预算的编制方法。

【资料】 假定光明公司规定编制现金预算时,各季末都必须保证有最低的库存余额 5,000 元,以备紧急支付之用。若该公司计划年度分季的现金预算

的基本内容如下:

光明公司现金预算

19×9年度　　　　　　　　　　　　　　　　单位:元

摘　　要	第1季度	第2季度	第3季度	第4季度	全　年
期初现金余额	8,000	?	?	?	?
加:现金收入:					
应收帐款收回及销售收入	?	?	96,000	?	321,000
可动用现金合计	68,000	?	?	?	?
减:现金支出:					
采购材料	35,000	45,000	?	35,000	?
营业费用	?	30,000	30,000	—	113,000
购置设备	8,000	8,000	10,000		36,000
支付股利	2,000	2,000	2,000	2,000	?
现金支出合计	?	85,000	?	?	?
收支轧抵现金结余（或不足）	(2,000)	?	11,000	?	?
通融资金:					
向银行借款	?	15,000	—	—	?
归还本息	—	—	—	(17,000)	
通融资金合计	?	?	?	?	?
期末现金余额	?	?	?	?	?

【要求】 将该公司年度分季的现金预算中未列出金额的空白部分,通过计算逐一填列。

习　题　九

【目的】 通过练习,掌握全面预算的编制方法。

【资料】 假定春雷公司基期末(19×8年度)的资产负债表及其有关资料如下:

1. 基期末资产负债表:

春雷贸易公司资产负债表

19×8年12月31日　　　　　　　　　　　　单位：元

资　　产		权　　益	
1. 现金	10,000	6. 应付帐款	24,000
2. 应收帐款	50,000	7. 银行借款	—
3. 存货	20,000	8. 业主权益	132,600
4. 房屋及设备	85,000		
5. 累计折旧	(8,400)		
资产合计	156,600	权益合计	156,600

2. 若计划年度(19×9年)一月份该公司预计销售甲商品10,000件，销售单价9元，其中现销40%，余为赊销，30天后收款。

3. 采购甲商品的进价与存货成本均为每件4元。购入商品时，30%当月付现，余为次月付款。

4. 计划年度1月份的期末存货，预计为4,000件。

5. 19×9年1月份预计将开支以下营业费用：

职工薪金	15,000元
办公费	4,300元
水电费	5,000元
保险费	2,000元
折旧费	700元
广告费	3,000元

6. 一月份预计将购置一台微形电脑，价35,000元。

7. 该公司规定计划期间现金的最低库存限额为10,000元；如不足此数，可全额向银行借款。

【要求】 根据上述有关资料，为该公司编制19×9年1月份的全面预算（请通过计算将数额逐一填入以下各有关预算表内）。

春雷贸易公司销售预算

(表1)　　　　　　　　　19×9年1月份

摘　　要	销售数量(件)	销售单价	销售金额
预计销售收入			
预计现金收入计算表	期初应收帐款		
	1月份现金销售收入		
	现金收入合计		

春雷贸易公司商品采购预算

(表2)　　　　　　　　　19×9年1月份

摘　　要	数　量	单　价	金　额
预计销售需要额			
加：预计期末存货			
预计需要额合计			
减：期初存货			
预计商品采购额			
预计现金支出计算表	期初应付帐款		
	1月份现购商品		
	现金支出合计		

春雷贸易公司营业费用预算

(表3)　　　　　　　　　19×9年1月份

费用明细项目	金　额
营业费用合计	
预计现金支出计算表	营业费用支出总额	
	减：折旧费	
	1月份营业费用现金支出合计	

春雷贸易公司现金预算

(表 4)　　　　　　　　19×9 年 1 月份

摘　　　　要	资料来源	金　　额
期初现金余额		
加：预计现金收入：		
应收帐款收回及销售收入		
可动用现金合计		
减：预计现金支出：		
采购商品		
营业费用		
购入新设备		
现金支出合计		
收支轧抵现金结余(或不足)		
通融资金：		
向银行借款		
期末现金余额		

春雷贸易公司利润预算

(表 5)　　　　　　　　19×9 年 1 月份

摘　　　　要	资料来源	金　　额
销售收入		
销售成本		
销售毛利		
减：营业费用		
营业净利		

春雷贸易公司预计资产负债表

(表 6)　　　　　　　　19×9 年 1 月 31 日

资　　　产		权　　益	
1. 现　　金		1. 应付帐款	
2. 应收帐款		2. 银行借款	
3. 存　　货		3. 业主权益	
4. 房屋及设备			
5. 累计折旧			
资产合计		权益合计	

习 题 十

【目的】 通过练习,掌握在工业企业中业务预算与财务预算的编制方法。

【资料】 通利机械厂19×8年12月31日简明的实际资产负债表如下:

通利机械厂资产负债表

19×8年12月31日　　　　　　　　　单位:元

资　　　产		权　　　益	
1. 现　　金	10,000	7. 应付购料款	16,000
2. 应收帐款	75,000	8. 银行借款	10,000
3. 材料存货(3,600公斤)	3,600	9. 普通股股本	80,000
4. 产成品存货(600件)	13,800	10. 留存收益	56,400
5. 厂房及设备	80,000		
6. 累计折旧	(20,000)		
资产合计	162,400	权益合计	162,400

现在通利机械厂会计部门正在准备编制19×9年第1季度的业务预算和财务预算,已知:

1. 根据销售预测,第1季度甲产品的预计销售量为17,000件(其中,1月份6,000件,2月份6,000件,3月份5,000件),销售单价均为26元。该厂的收款条件为当月收现占销售货款的50%,其余下月收讫。19×8年12月份的销售货款为150,000元。

2. 该厂各月末的预计产成品存货量等于下月预计销售量的10%,19×9年4月份的预计销售量为5,600件。各月的期初存货与上月末的存货量相等。

3. 该厂甲产品的直接材料消耗定额为6千克,每千克材料价为1元。各月末的预计材料存货等于下月生产需料量的10%,各月期初存料量等于上月末的存料量,4月份预计生产需料量为31,200千克。该厂对材料的付款条件是:当月付现占购料款的50%,其余下月付讫。19×8年12月末的应付购料款为16,000元。

4. 该厂甲产品的工时定额为5工时,每工时的工资为2元。

5. 该厂第1季度预计发生的制造费用如下:

变动费用： 间接材料　　分配率　　0.4元/工时
　　　　　 间接人工　　分配率　　1元/工时
固定费用： 折旧费　　　　　　　1,000元
　　　　　 财产税　　　　　　　1,000元
　　　　　 维修费　　　　　　　1,500元

6. 该厂第1季度预计发生的推销及管理费用如下：

　　销售佣金　　　　　　销售收入的1%
　　管理人员薪金　　　　5,000元
　　广告费　　　　　　　1,000元

7. 该厂总经理通过专门决策确定第1季度每月支付所得税3,000元，支付股利3,000元；又3月份预计将购买一台生产设备，价款20,000元。

8. 该厂财务部经理规定预算期间最低库存限额为10,000元，若不足限额，应向银行借款。

【要求】 根据上述有关资料编制该厂的业务预算与财务预算(填入以下各有关预算表内)。

通利机械厂销售预算

(表1)　　　　　　　　　19×9年第1季度

摘　　　要	1月	2月	3月	合　计
预计销售量(件)				
销售单价(件/元)				
预计销售金额(元)				
预计现金收入计算表 期初应收帐款(元)				
1月份销售收入(元) 2月份销售收入(元) 3月份销售收入(元)				
现金收入合计(元)				

通利机械厂生产预算

(表2)　　　　　　　　19×9年第1季度

摘　　要	1月	2月	3月	合　计
预计销售量(销售预算) 　加：预计期末存货量(件)				
预计需要量合计(件) 　减：期初存货量(件)				
预计生产量(件)				

通利机械厂直接材料采购预算

(表3)　　　　　　　　19×9年第1季度

摘　　要		1月	2月	3月	合　计
预计生产量(生产预算) 单位产品材料消耗定额					
预计生产需料量(千克) 　加：期末存料量(千克)					
预计材料需要量合计(千克) 　减：期初存料量(千克)					
预计购料量(千克) 材料单价(千克/元) 预计购料金额(元)					
预计现金支出计算表	期初应付购料款(元)				
	1月份购料款(元) 2月份购料款(元) 3月份购料款(元)				
	现金支出合计(元)				

通利机械厂直接人工预算

(表 4)　　　　　　　　19×9年第1季度

摘　　要	1月	2月	3月	合计
预计生产量(生产预算) 单位产品工时定额(工时)				
直接人工工时总数(工时) 工资率(元/工时)				
预计直接人工成本总额(元)				

通利机械厂制造费用预算

(表 5)　　　　　　　　19×9年第1季度

明细项目		分配率	1月 (30,000工时)	2月 (29,500工时)	3月 (25,300工时)	合计 (84,800工时)
变动费用	间接材料	0.4元/工时				
	间接人工	1元/工时				
	小　　计					
固定费用	折旧费					
	财产税					
	维修费					
	小　　计					
制造费用合计						
预计现金支出计算表	制造费用合计					
	减：折旧费					
	现金支出合计					

通利机械厂单位生产成本预算
(标准成本单)

(表 6)　　　　　　　　19×9年第1季度

成本项目	价格标准	用量标准	合　　计
直接材料 直接人工 变动制造费用			
标准成本			
期末存货预算	期末存货数量(生产预算)：件		
	单位变动生产成本(标准成本)：元		
	期末存货金额		

通利机械厂推销及管理费预算
19×9年第1季度

明 细 项 目	1月	2月	3月	合 计
变动费用：				
销售佣金（销售收入的1%）				
固定费用：				
管理人员薪金				
广告费				
小　计				
推销及管理费合计				

通利机械厂现金预算
19×9年第1季度

摘　　要	资料来源	1月	2月	3月	合　计
期初现金余额					
加：现金收入					
销售收入及应收帐款	表1				
可动用现金合计					
减：现金支出					
直接材料	表3				
直接人工	表4				
制造费用	表5				
推销及管理费	表7				
支付所得税	专门决策预算				
购置设备	专门决策预算				
支付股利	专门决策预算				
现金支出合计					
现金结余（或不足）					
筹措资金：					
向银行借款					
期末现金余额					

通利机械厂利润预算
19×9年第1季度

摘　　　要	金　　　额	
销售收入		
变动成本：		
变动制造费用		
变动推销及管理费用		
变动成本总额		
贡献毛益总额		
固定成本：		
固定制造费用		
固定推销及管理费用		
固定成本总额		
税前净利		
减：所得税		
税后净利		

通利机械厂预计资产负债表
19×9年3月31日

资　　产		权　　益	
1. 现金		7. 应付购料款	
2. 应收帐款		8. 银行借款	
3. 材料存货（千克）		9. 普通股股本	
4. 产成品存货（件）		10. 留存收益	
5. 厂房及设备			
6. 累计折旧			
资产合计		权益合计	

七、成本控制

习 题 一

【目的】 通过练习,掌握价值工程的基本知识。

【资料】

□(1) 从价值工程诞生到现在的整个发展过程,贯穿着一种思想,那就是对资源的有效利用。

□(2) 产品的必要功能是指企业所必需的和要求的功能。

□(3) 产品的寿命周期成本是从顾客提出要求开始,然后设计、制造产品,直到把产品送到顾客手里为止所需的成本。

□(4) 开展价值工程的对象,从它的历史来看,只是产品。

□(5) 价值工程是一项有组织的活动,就是要把集体的群众智慧组织起来。

□(6) 功能了解的目的就是对每个对象搞清楚它所具有的功能。

□(7) 一个零件往往不只完成一个功能,而是会同时完成几种功能。

□(8) 对功能下定义,就是用动词加名词的办法,把功能简洁地表达出来。如杯子的功能就是盛水,钻床的功能就是打孔,桌腿的功能就是支承重量等等。

【要求】 对以上各问题,如认为是正确的,请在□内画√;如认为是错误的,请在□内画×,并说明怎样才算正确。

习 题 二

【目的】 通过练习,掌握如何根据预算成本和成本差异来计算实际成本的方法。

【资料】 假定益群公司今年5月份有关预算成本及成本差异的资料如下:

单位:元

成 本 项 目	预 算 成 本 总 额
1. 直接材料	150,000
2. 直接人工	190,000

(续表)

成 本 项 目	预 算 成 本 总 额	
3. 变动制造费用	160,000	
成 本 差 异	有利差异(F)	不利差异(U)
1. 材料价格差异	2,000	—
2. 材料用量差异	1,000	—
3. 工资率差异	—	1,500
4. 人工效率差异	—	3,000
5. 变动费用开支差异	3,000	—
6. 变动费用效率差异	—	2,000

【要求】 计算益群公司5月份各成本项目的实际成本。

习 题 三

【目的】 通过练习,掌握如何从材料与人工的标准成本和成本差异来计算它们的实际发生的成本的方法。

【资料】 永庆公司本月份实际生产10,500件,正好与该月的计划产量相等。其直接材料和直接人工的标准成本数据如下:

成 本 项 目	价 格 标 准	用 量 标 准
直接材料	1.75元/千克	2千克
直接人工	4.50元/工时	$4\frac{1}{2}$工时

假定该公司本月实际采购的材料正好全部用完,根据本月份的业绩报告,发现有如下差异:

单位:元

差 异 名 称	直 接 材 料	直 接 人 工
价格差异	5,000(F)	25,000(U)
用量差异	1,750(F)	12,375(U)

【要求】 根据上述资料分别计算:

1. 该月份实际采购及耗用的直接材料数量;

2. 该月份实际采购材料的单价；
3. 该月份实际耗用的工时；
4. 该月份实际的工资率；
5. 该月份直接材料与直接人工的总差异。

习 题 四

【目的】 通过练习,掌握材料成本差异的计算方法。

【资料】 假定沙利钢制家具厂本月份共生产钢折椅 4,000 把,实际耗用钢材 10,400 千克,实际成本 11,648 元。而该厂钢折椅的标准成本每把需用钢材 2.5 千克,每千克 1.05 元。

【要求】

1. 计算钢折椅所耗用钢材的实际成本与标准成本的差异总额是多少？
2. 将上项计算出来的材料成本差异总额进一步分解为价格差异与用量差异。

习 题 五

【目的】 通过练习,掌握直接人工成本差异的计算方法。

【资料】 假定群艺公司为了有效地控制成本,曾为 #5 钻头制订如下的人工标准：

工时：　　　　　　　每个 15 分钟

工资率：　　　　　　5.20 元/工时

若本年度该公司共生产 #5 钻头 30,000 个,计耗用直接人工 7,750 工时,直接人工成本总额为 39,525 元。

【要求】

1. 该公司生产 #5 钻头 30,000 个的直接人工成本按标准成本计算应为多少？与实际成本比较差异总额多大？
2. 将上项计算出来的人工成本差异总额进一步分解为工资率差异与人工效率差异,应各为多少？

习 题 六

【目的】 通过练习,掌握直接材料与直接人工的成本差异计算方法。

【资料】 假定生化公司生产甲化学试剂,每瓶的直接材料和直接人工的标准成本资料如下：

成本项目	价格标准	用量标准	标准成本
直接材料	1.20元/克	8克	9.60元
直接人工	6元/工时	0.5工时	3.00元

若本月份实际发生的业务情况如下:
(1) 购进直接材料 15,000 克,实际支付 18,750 元。
(2) 本期购进材料全部用于生产,共生产甲化学试剂 1,760 瓶。
(3) 本期共耗用直接人工 835 工时,实际支付人工成本 5,177 元。

【要求】
1. 计算本月份的材料价格差异与用量差异。
2. 计算本月份的工资率差异和人工效率差异。

习 题 七

【目的】 通过练习,掌握实际成本、标准成本与成本差异之间的联系,以及人工成本与变动制造费用的成本差异的计算方法。

【资料】 假定杜邦公司为了控制成本指标,实行弹性预算和标准成本会计制度。以下是在生产甲产品 15,000 件,耗用直接人工 45,000 工时情况下的标准成本资料:

直接材料	75,000元
直接人工	180,000元
变动制造费用	135,000元
合　　计	390,000元

若该公司本会计期间共耗用 49,000 工时,生产 16,000 件甲产品,其实际成本资料如下:

直接材料	?元
直接人工	208,000元
变动制造费用	140,800元
合　　计	?元

又该会计期间每件甲产品的标准成本与实际成本的差异为 0.80 元(U)。

【要求】

1. 计算该会计期间甲产品的实际成本总额,以及直接材料的实际成本总额。
2. 计算该会计期间每件甲产品的标准成本和实际成本的成本结构。
3. 计算甲产品人工成本的工资率差异与人工效率差异。
4. 计算甲产品变动制造费用的开支差异与效率差异。

习 题 八

【目的】 通过练习,掌握实际成本与标准成本的总差异的构成及其计算方法。

【资料】 假定蓝天服装厂对各项产品均建立标准成本制度,本年度男式滑雪衫每件的标准成本及实际成本的资料如下:

成本项目	数 量	价 格	标准成本	实际成本
直接材料:				
标 准	4 米	2.10 元/米	8.40 元	
实 际	4.4 米	2 元/米		8.80 元
直接人工:				
标 准	1.6 工时	4.50 元/工时	7.20 元	
实 际	1.4 工时	4.85 元/工时		6.79 元
变动间接费:				
标 准	1.6 工时	1.80 元/工时	2.88 元	
实 际	1.4 工时	2.15 元/工时		3.01 元
单位产品成本			18.48 元	18.60 元

若该厂在本会计期间共生产滑雪衫 4,800 件,其标准总成本与实际总成本的比较如下:

标准总成本:4,800 件@18.48 元,合计 88,704 元

实际总成本:4,800 件@18.60 元,合计 89,280 元

成本差异总额= 576 元(U)

【要求】 分析计算上述成本差异总额 576 元(U)是哪些成本差异构成的?各为多少?

习 题 九

【目的】 通过练习,掌握固定制造费用的两种成本差异的计算方法。

【资料】 庆大公司本年度的固定制造费用及其他有关资料如下:

固定制造费用预算数	120,000 元
固定制造费用实际支付数	123,400 元
预计产能标准总工时	40,000 工时
本年度实际耗用总工时	35,000 工时
本年度实际产量应耗标准工时	32,000 工时

【要求】 计算固定制造费用的预算差异和能量差异。

习 题 十

【目的】 通过练习,掌握固定制造费用的三种成本差异的计算方法。

【资料】 仍根据习题九的资料。

【要求】 计算固定制造费用的开支差异、效率差异和生产能力利用差异。

习 题 十一

【目的】 通过练习,掌握变动制造费用与固定制造费用的成本差异的计算方法。

【资料】 林德公司一贯采用标准成本、弹性预算来控制并计算产品成本。它的加工成本的标准如下:

成 本 项 目	价 格 标 准	用 量 标 准
直接人工	4 元/工时	3 工时/件
变动制造费用	2 元/工时	3 工时/件
固定制造费用	1 元/工时	3 工时/件

上述费用分配率是按 50,000 件标准产量计算的。

本月份该公司实际生产 40,000 件,其实际加工成本资料如下:

实际工时总数	125,000 工时
实际制造费用(其中变动费占 255,000 元)	411,000 元

【要求】
1. 计算变动制造费用的开支差异和效率差异。
2. 计算固定制造费用的预算差异和能量差异。
3. 计算固定制造费用的开支差异、效率差异、生产能力利用差异。

习 题 十 二

【目的】 通过练习,掌握材料混合使用情况下的成本差异的计算方法。

【资料】 假定先锋化学公司的甲产品系由 A、B、C 三种材料混合组成,每千克混合材料的比例及其标准成本如下表所示:

材料名称	价格标准	混合用料标准	标准成本
A	0.70元/千克	0.5千克	0.35元
B	1.00元/千克	0.3千克	0.30元
C	0.80元/千克	0.2千克	0.16元
合 计	—	1千克	0.81元

若根据标准,每10千克混合材料,应产出甲产品9千克。

又假定本期甲产品的实际产量为92,070千克,其有关耗用混合材料的实际成本资料如下表所示:

材料名称	实际单价	实际用量	实际成本
A	0.80元/千克	45,000千克	36,000元
B	1.05元/千克	33,000千克	34,650元
C	0.85元/千克	22,000千克	18,700元
合 计	—	100,000千克	89,350元

【要求】
1. 计算材料的实际成本脱离标准成本的差异总额。
2. 计算材料的价格差异差异和用量差异。
3. 将材料用量差异进一步分解为"材料结构差异"和"材料产出差异"。

习 题 十 三

【目的】 通过练习,掌握人工混合使用情况下的成本差异的计算方法。

【资料】 假定兴邦化学公司生产甲产品每工时的混合人工的标准成本如下:

工人种类	人数	工资率标准	标准成本
技术工	1人	20元/工时	20元
学徒工	2人	11元/工时	22元
合计	3人	—	42元

假定根据标准,每工时生产甲产品10千克。本会计期间甲产品的实际产量为92,070千克,其有关耗用混合人工的实际成本资料如下:

工人种类	实际工资率	实际用量	实际成本
技术工	21元/工时	3,400工时	71,400元
学徒工	10元/工时	5,600工时	56,000元
合计	—	9,000工时	127,400元

【要求】
1. 计算人工实际成本脱离标准成本的差异总额。
2. 计算人工成本的工资率差异和人工效率差异。
3. 将人工效率差异进一步分解为"人工结构差异"和"人工产出差异"。

习题十四

【目的】 通过练习,掌握在标准成本制度下差异汇总表及收益表的编制方法。

【资料】 假定大华公司采用标准成本会计制度对产品成本进行规划、核算与控制,本年度只生产一种甲产品,其单位产品的标准成本资料如下:

直接材料　　14元
直接人工　　10元
变动制造费用　6元
固定制造费用预算总额　20,000元(按计划产量20,000件分摊)

若本年度大华公司共生产甲产品20,000件,销售18,000件,期初无存货。甲产品销售单价为60元。又本年度发生的各种成本差异汇总如下:

材料价格差异	1,000元(U)
材料用量差异	1,800元(F)
工资率差异	200元(U)
人工效率差异	300元(F)
变动费用开支差异	400元(F)
变动费用效率差异	500元(U)
固定费用能量差异	800元(U)
固定费用预算差异	600元(F)

【要求】

1. 编制成本差异汇总表。
2. 分别按全部成本法和变动成本法编制收益表。

八、责任会计

习 题 一

【目的】 通过练习,掌握各种成本中心的费用分配基础。

【资料】 假定合兴公司的财务部经理与总会计师提出了各成本中心的费用分配基础有以下几种:

1. 生产的数量;
2. 耗用的直接人工小时;
3. 被服务的职工数;
4. 职工总数;
5. 生产中的机器小时;
6. 地区平方米;
7. 申请次数;
8. 检验数量;
9. 计算机使用小时;
10. 办理的采购定单数。

【要求】 对合兴公司的所有服务部门(成本中心)选择恰当的费用分配基础,即把上面你认为恰当的分配基础的编号写在各个部门后面的括号内:

1. 机器维修部门 …………………………………………………… (   )
2. 物料间 …………………………………………………………… (   )
3. 自助食堂 ………………………………………………………… (   )
4. 清洁部门 ………………………………………………………… (   )
5. 采购部门 ………………………………………………………… (   )
6. 检验部门 ………………………………………………………… (   )
7. 人事部门 ………………………………………………………… (   )
8. 医务室 …………………………………………………………… (   )
9. 工厂管理部门 …………………………………………………… (   )
10. 健身房 …………………………………………………………… (   )
11. 计算机房 ………………………………………………………… (   )

习 题 二

【目的】 通过练习,掌握成本中心实绩报告的编制方法。

【资料】 假定星辰工厂的铸造车间是成本中心,它下面有 A、B 两个工段也是成本中心。铸造车间本月份发生的可控成本有以下五个明细项目:

单位:元

成本明细项目	实 际	差 异
间接材料	3,000	140(U)
间接人工	2,500	100(U)
维修费	1,750	48(F)
折旧费	1,800	—
其他费用	1,470	70(F)

A、B 两工段所发生的可控成本资料如下:

单位:元

成本项目	A 工段		B 工段	
	实 际	差 异	实 际	差 异
直接材料	12,000	600(U)	9,400	400(F)
直接人工	8,000	150(F)	7,240	320(U)
制造费用	7,600	320(U)	5,670	36(U)

【要求】 根据上述有关资料,编制星辰工厂铸造车间本月份的实绩报告。

习 题 三

【目的】 通过练习,掌握利润中心的责权利关系。

【资料】 以下是西方公司中各个部门(利润中心)的业绩报告的一般格式:

1. 销售收入
2. 减:变动成本
    变动制造费用

变动推销及管理费用
3. 贡献毛益总额
4. 减：部门经理可控的专属固定成本
5. 部门经理可控的毛益
6. 减：部门经理不可控的专属固定成本
7. 部门毛益
8. 减：所有部门的共同成本
9. 净利

【要求】 根据上面的资料回答以下问题,即选用上述你认为恰当的编号填入问题后面的括号内：
1. 衡量部门经理业绩最好的标准是什么？ …………………（ ）
2. 若部门是个独立的公司,部门应获得哪种收益？ …………（ ）
3. 代表整个公司(即所有部门)的收益是什么？ ……………（ ）
4. 部门经理决定的为部门所做的广告费属于什么成本？ ……（ ）
5. 假定取消一个部门,会使整个公司的总收益减少的是什么项目 ………………………………………………………（ ）
6. 本部门经营过程中使用的房屋折旧费属于哪类成本？ ……（ ）
7. 为整个公司开支的全国性广告费属于哪类成本？ …………（ ）
8. 在短期收益中,部门经理最能控制的范围是什么？ ………（ ）

习 题 四

【目的】 通过练习,掌握利润中心成果报告的编制方法。

【资料】 假定中信公司的甲事业部为一利润中心,该事业部本月份的变动成本、固定成本及变动成本率的实际数与差异数如下：

单位：元

成 本 项 目	实际数	差异数
变动生产成本	40,000	1,000(U)
变动推销及管理成本	8,000	200(U)
直接发生的专属固定成本	20,000	50(F)
上级分配来的共同固定成本	4,000	100(U)
变动成本率	60%	8%(U)

【要求】 根据上述有关资料,编制甲事业部本月份的成果报告。

习 题 五

【目的】 通过练习,掌握销售利润率的计算方法。

【资料】 假定先锋公司有两个分厂均为投资中心。其中第一分厂 19×9 年的销售收入为 480,000 元,营业资产平均占用额为 150,000 元;第二分厂同年的销售收入为 850,000 元,营业资产平均占用额为 170,000 元。若上述两个分厂 19×9 年的预期投资报酬率均为 18%。

【要求】 分别计算先锋公司两个分厂在 19×9 年的销售利润率。

习 题 六

【目的】 通过练习,掌握投资周转率的计算方法。

【资料】 假定茂盛公司 19×9 年的投资报酬率与永安公司一样,均为 16%;但 19×9 年茂盛公司的销售利润率为 6%,永安公司的销售利润率为 10%。

【要求】 分别计算茂盛公司与永安公司的投资周转率。

习 题 七

【目的】 通过练习,掌握影响投资报酬率各有关因素之间的内在联系。

【资料】 以下是丽华贸易公司 19×9 年 5 月份四个投资中心的有关资料:

摘　　　要	甲营业部	乙营业部	丙营业部	丁营业部
销售收入	500,000元	＿＿＿元	450,000元	＿＿＿元
营业利润	20,000元	＿＿＿元	22,500元	10,000元
营业资产	＿＿＿元	100,000元	90,000元	＿＿＿元
销售利润率	＿＿＿%	8%	＿＿＿%	4%
投资周转率	＿＿＿次	3次	＿＿＿次	＿＿＿次
投资报酬率	10%	＿＿＿%	＿＿＿%	16%

【要求】 将上表空白部分,通过计算逐一填列。

习 题 八

【目的】 通过练习,掌握投资中心两种投资报酬率的计算方法。

【资料】 某图书公司有个"大学部"属于该公司的投资中心,该中心会计处编制的本月份收益表如下:

单位:万元

销售收入		5,200
减:变动成本:		
变动制造费用	1,500	
固定制造费用	1,000	2,500
贡献毛益总额		2,700
减:部门经理可控的直接固定成本		1,000
部门经理可控的毛益		1,700
减:部门经理不可控的部门固定成本		500
部门毛益		1,200
减:所有部门的共同成本		300
净利		900

若大学部的全部营业资产为 3,000 万元。

【要求】

1. 分别计算最能反映部门经理业绩的资产周转率、销售利润率和投资报酬率。

2. 分别计算最能反映该中心整个部门业绩的资产周转率、销售利润率和投资报酬率。

习 题 九

【目的】 通过练习,掌握投资中心的成果报告的编制方法。

【资料】 寰宇公司有个电器事业部是投资中心,其 19×9 年第 3 季度的有关资料列示如下:

单位：元

摘　　要	预　算　数	实　际　数
销售收入	120,000	150,000
营业利润	9,500	12,700
营业资产	42,000	56,000
长期负债	14,000	15,800

又寰宇公司19×9年第3季度的预期投资报酬率为14%。

【要求】 根据上述资料，为寰宇公司电器事业部编制19×9年第3季度的成果报告，并作出适当的评价。

习　题　十

【目的】 通过练习，掌握如何避免单纯利用投资报酬率指标评价业绩带来错误信号的方法。

【资料】 假定华夏公司有甲、乙两个事业部(投资中心)，最近两年有关营业利润和投资额的资料如下：

项　　目	甲事业部		乙事业部	
	19×6年	19×7年	19×6年	19×7年
营业利润	300,000元	360,000元	500,000元	625,000元
投资额	2,000,000元	2,000,000元	2,500,000元	2,500,000元

若华夏公司为投资中心规定的最低投资报酬率为14%。

【要求】

1. 试先用ROI指标来评价甲、乙两个事业部的业绩，通过计算，你认为哪个事业部较优？

2. 试再用RI指标来评价甲、乙两个事业部的业绩，通过计算，你认为哪个事业部较优？

3. 结合两个事业部近两年营业利润的增长情况，你认为哪个指标的评价比较正确？为什么？

习题十一

【目的】 通过练习,掌握如何避免单纯使用剩余收益指标评价业绩带来错误信号的方法。

【资料】 假定福康公司有 A、B 两个事业部(投资中心),它们最近一年的营业利润和投资额的资料如下:

	A 事业部	B 事业部
营业利润	55,000 元	131,250 元
投资额	250,000 元	750,000 元

若福康公司为投资中心规定的最低报酬率为 14%。

【要求】

1. 试先用 RI 指标来评价 A、B 两个事业部的业绩,通过计算,你认为哪个事业部较优?

2. 再试用 ROI 指标来评价 A、B 两个事业部的业绩,通过计算,你认为哪个事业部较优?

3. 结合两个事业部原投资额的情况,你认为哪个指标的评价比较正确?为什么?

习题十二

【目的】 通过练习,掌握内部转移价格制订的原则。

【资料】 假定龙华公司下属有一个电冰箱制造厂系投资中心,每年需向外界某一厂商购进冷凝器 40 万只,其购进单价为 48 元(这项单价原为 50 元,由于大量采购可获得购货折扣 4%)。最近该公司收买了一家专门生产冷凝器的工厂,也作为该公司的另一投资中心。这冷凝器厂每年能生产冷凝器 200 万只,除可供本公司电冰箱厂应用外,还可向市场销售。每只冷凝器的成本资料如下:

直接材料	18 元
直接人工	14 元
变动制造费用	6 元
固定制造费用(按产能 200 万只的资料分摊)	4 元
单位成本合计	42 元

现该公司在研究制订冷凝器的内部转移价格问题中,列举以下五种转移

价格提供决策人员进行选择：

50元； 48元； 43元； 42元； 38元。

【要求】 根据以上有关资料,对上述提供选择的五种价格逐一加以分析,并说明它是否适当及其理由。

习 题 十 三

【目的】 通过练习,掌握内部转移价格的制订方法及其对收益的影响。

【资料】 永和电子仪器公司下面有几个分部均为投资中心。其中印机分部专门生产为电脑配套用的打印机,它的产品既售给本公司的电脑分部,也出售给外界四通电子公司。计划年度印机分部准备生产 10,000 台打印机,其中 4,000 台售给四通电子公司,销售单价为 575 元;其余 6,000 台转给本公司电脑分部,作为电脑的配套产品出售。该公司产销打印机发生的成本数据如下(按产销 10,000 台为基础预计的)：

变动制造费用	100元
固定制造费用	50元
变动推销费用	55元
固定推销费用	25元
单位成本	230元

目前该公司财务部及总会计师提出下列五个标准作为制订内部转移价格的基础：

1. 变动成本；
2. 变动成本加成 40%；
3. 全部成本；
4. 全部成本加成 50%；
5. 市场价格(即 575 元)。

【要求】

1. 按上述五种标准分别计算印机部转给本公司电脑部 6,000 台的内部销售收入,并确定印机部销售 10,000 台打印机(包括 4,000 台对外出售)的全部销售利润。

2. 对于内部转移价格的上述五个标准,就永和仪器公司来说,宁愿选用哪一个?若站在电脑分部立场,则选用哪一个?

习 题 十 四

【目的】 通过练习,掌握内部转移价格在决策分析中的应用。

【资料】 假定迅达公司下设甲、乙两个事业部均为利润中心。甲事业部专门生产一种组件售给乙事业部,作为制造 A 产品之用。该项组件的内部转移价格,若按全部成本法计算,其资料如下:

组件的单位变动成本	40 元
组件分摊的单位固定成本	60 元
组件的单位成本	100 元

乙事业部购进该项组件后,还需继续进行加工,共需追加单位变动成本 50 元,才能制成 A 产品,然后以单价 200 元的价格向市场出售。以下是乙事业部单位产品的收入和成本的有关资料:

销售收入		200 元
变动成本:		
甲事业部组件的转移价格	100 元	
乙事业部的追加成本	50 元	
小　计		150 元
贡献毛益		50 元

最近迅达公司的乙事业部收到外地客户的订单,希望购买该项 A 产品 200 件,但每件单价只愿出 125 元。

【要求】

1. 试问乙事业部是否愿意接受 A 产品 125 元的单位售价? 试说明其理由。

2. 若甲、乙两事业部均有剩余生产能力,可接受外地顾客 200 件 A 产品的订货。那么,乙事业部对上述要求所作的决策就整个迅达公司来说是否有利? 请说明其理由。

习题解答

一、成本习性与本·量·利分析

习题解答一

1.

制 造 成 本	非 制 造 成 本
1;2;3;4;5;6; 9;12;14;15;18。	7;8;10;11;13; 16;17。

2.

变 动 成 本	固 定 成 本	混 合 成 本
1;2;3;9; 17。	4;6;7;8;10;11;13; 15;16;18。	5;12;14。

习题解答二

变 动 成 本	酌量性固定成本	约束性固定成本
3;4;5;9;15。	1;7;10;12。	2;6;8;11;13;14。

习题解答三

根据今年12月份发生的总成本资料,先求单位变动成本 b:

∵ $y=a+bx$

$120,000=30,000+b \cdot 10,000$

∴ $b=\dfrac{120,000-30,000}{10,000}=9$

既然 a、b 的值为已知,即可根据明年第一季度各月份的工时数(x),代入总成本公式,分别求出各月份的预计总成本:

∵ 明年1月份的预计总成本 $(y)=a+bx=30,000+9\times8,000=102,000$ 元

明年2月份的预计总成本 $(y)=a+bx=30,000+9×7,000=93,000$ 元

明年3月份的预计总成本 $(y)=a+bx=30,000+9×15,000=165,000$ 元

习 题 解 答 四

1990年度：

销售成本＝销售收入－销售毛利＝200,000－40,000＝160,000元

固定制造费用＝销售成本－（直接成本＋直接人工＋变动制造费用）

＝160,000－（40,000＋50,000＋20,000）＝50,000元

推销和管理费用＝销售毛利－销售净利＝40,000－10,000＝30,000元

推销和管理费用变动部分＝推销和管理费用－固定部分

＝30,000－14,000＝16,000元

1991年度：

∵ 1991年销售收入较1990年销售收入增长的% $=\dfrac{300,000-200,000}{200,000}×100\%$

$=50\%$

∴ 根据成本习性原理，1991年的变动成本各项目均应按1990年的数据增长50%。

固定成本项目不变，仍按1990年金额计列：

直接材料＝40,000×(1＋50%)＝60,000元

直接人工＝50,000×(1＋50%)＝75,000元

变动制造费用＝20,000×(1＋50%)＝30,000元

固定制造费用仍为50,000元

销售成本＝60,000＋75,000＋30,000＋50,000＝215,000元

销售毛利＝300,000－215,000＝85,000元

（推销和管理费用）变动部分＝16,000×(1＋50%)＝24,000元

（推销和管理费用）固定部分仍为14,000元

推销和管理费用＝24,000＋14,000＝38,000元

净利＝销售毛利－推销和管理费用＝85,000－38,000

＝47,000元

把上述计算出来的两年数据填入下列收益表：

培特公司收益表

单位：元

项　　目	1990 年度		1991 年度	
销售收入		200,000		300,000
销售成本：				
直接材料	40,000		60,000	
直接人工	50,000		75,000	
变动制造费用	20,000		30,000	
固定制造费用	50,000	160,000	50,000	215,000
销售毛利		40,000		85,000
推销和管理费用：				
变动部分	16,000		24,000	
固定部分	14,000	30,000	14,000	28,000
净　　利		10,000		47,000

习 题 解 答 五

1.

∵ 用电额度内甲产品最大产量 $= \dfrac{用电额度 - 照明用电度数}{每件甲产品耗电度数} = \dfrac{80{,}000 - 4{,}000}{25}$

$= 3{,}040$ 件

在用电额度内电费的混合成本 $(y) = a + bx = (1{,}000 + 0.27 \times 4{,}000) + (0.27 \times 25)x$

$= 2{,}080 + 6.75x$

上述混合成本公式，即说明在用电额度内（或甲产品产量在 3,040 件以内）的电费的固定成本总额为 2,080 元，变动成本总额为 6.75x 元。

2.

在用电额度以上电费的混合成本 $(y) = 3{,}040$ 件的电费 $+ 3{,}040$ 件以上的电费

$= (2{,}080 + 6.75 \times 3{,}040) + [0.27 \times 10 \times 25(x - 3{,}040)] = 22{,}600 + 67.5x - 205{,}200$

$= -182{,}600 + 67.5x$

上述混合成本公式,即说明在用电额度以上(或甲产品产量超过3,040件)的电费混合成本中的固定成本总额为-182,600元,变动成本总额为67.5x元。

习题解答六

1. 高低点法:

(1) 先从历史资料中找出最高业务量和最低业务量的混合成本数据,并列表如下:

摘 要	高点(3月)	低点(2月)	差额(△)
运输量(x)	520吨/公里	200吨/公里	△x=320吨/公里
运 费(y)	5,600元	2,500元	△y=3,100元

$$b = \frac{\Delta y}{\Delta x} = \frac{3,100}{320} = 9.6875 \text{元}$$

(2) 将b值代入高点混合成本公式,并移项:

$$a = y_{高} - bx_{高} = 5,600 - 9.6875 \times 520 = 562.50 \text{元}$$

或将b值代入低点混合成本公式,并移项:

$$a = y_{低} - bx_{低} = 2,500 - 9.6875 \times 200 = 562.50 \text{元(同样结果)}$$

(3) ∴ 运输费的成本公式为:

$$y = a + bx = 562.50 + 9.6875x$$

2. 回归直线法:

(1) 先将6个月的历史资料按照回归直线法求a和b值公式的要求,编制如下计算表:

月份	运输量(吨/公里)(x)	运输费(元)(y)	xy	x^2
1	300	3,400	1,020,000	90,000
2	200	2,500	500,000	40,000
3	520	5,600	2,912,000	270,400
4	350	3,800	1,330,000	122,500
5	400	4,300	1,720,000	160,000
6	250	2,800	700,000	62,500
n=6	∑x=2,020	∑y=22,400	∑xy=8,182,000	∑x^2=745,400

(2) 将上表最后一行数据代入求a和b的值的公式,先求b,后求a:

$$b = \frac{n\sum xy - \sum x \cdot \sum y}{n\sum x^2 - (\sum x)^2} = \frac{(6 \times 8,182,000) - (2,020 \times 22,400)}{(6 \times 745,400) - (2,020)^2}$$

$$= \frac{3,844,000}{392,000} = 9.81$$

$$a = \frac{\sum y - b \cdot \sum x}{n} = \frac{22,400 - (9.81 \times 2,020)}{6}$$

$$= \frac{2,583.80}{6} = 430.63$$

(3) ∴ 运输费的公式应为：

$$y = a + bx = 430.63 + 9.81x$$

习 题 解 答 七

1. 高低点法：

(1) 先从给定的历史资料中找出最高业务量和最低业务量的混合成本数据，并列表如下：

摘　　要	高点(11月)	低点(8月)	差额(Δ)
业务量(千机器小时)	280	160	Δx=120
维修费(元)	1,480	1,000	Δy=480

∵ $\Delta y = b \cdot \Delta x$

∴ $b = \frac{\Delta y}{\Delta x} = \frac{480}{120} = 4$ 元

(2) 将b值代入高点混合成本公式，并移项：

$$a = y_{高} - bx_{高} = 1,480 - (4 \times 280) = 360 \text{ 元}$$

或b值代入低点混合成本公式，并移项：

$$a = y_{低} - bx_{低} = 1,000 - (4 \times 160) = 360 \text{ 元(同样结果)}$$

(3) ∴ 维修费的成本公式为：

$$y = a + bx = 360 + 4x$$

2. 回归直线法：

(1) 先将6个月的历史成本数据按回归直线法求a和b值的公式的要求，编制下列计算表(见下页表)。

(2) 将计算表最后一行的合计数，代入回归直线法求a和b的值的公式，先求b、后求a：

$$b = \frac{n\sum xy - \sum x \cdot \sum y}{n\sum x^2 - (\sum x)^2} = \frac{(6 \times 1,762,200) - (1,360 \times 7,610)}{(6 \times 317,600) - (1,360)^2}$$

$$= \frac{223,600}{56,000} = 3.99 \text{ 元}$$

月份	业务量(x)	维修费(y)	xy	x^2
7	200	1,160	232,000	40,000
8	160	1,000	160,000	25,000
9	260	1,400	364,000	67,600
10	240	1,320	316,800	57,600
11	280	1,480	414,400	78,400
12	220	1,250	275,000	48,400
n=6	$\sum x=1,360$	$\sum y=7,610$	$\sum xy=1,762,200$	$\sum x^2=317,600$

$$a = \frac{\sum y - b \cdot \sum x}{n} = \frac{7,610 - (3.99 \times 1,360)}{6}$$

$$= \frac{2,183.60}{6} = 363.93 \, 元$$

（3）∴ 维修费的成本公式应为：

$$y = a + bx = 363.93 + 3.99x$$

3. 若计划期业务量为 270 千机器小时,采用上述两种不同的分解方法,其结果将稍有差异：

（1）如采用高低点法,维修费的总额将为：

$$y = a + bx = 360 + (4 \times 270) = 1,440 \, 元$$

（2）如采用回归直线法,维修费的总额将为：

$$y = a + bx = 363.93 + (3.99 \times 270) = 1,441.23 \, 元$$

习 题 解 答 八

1. 混合成本分解：

（1）先求在低点业务量（50,000 机器小时）的制造费用所包含的各类成本：

∵ 在高点业务量中的 $b = \frac{bx}{x} = \frac{75,000}{75,000} = 1 \, 元/机器小时$

又因为高低点业务量的 b 是不变的，

∴ 在低点业务量下：

变动成本总额(bx) = $1 \times 50,000 = 50,000$ 元

固定成本总额(a) = 60,000（元）（与高点业务量的 a 相同）

混合成本总额 = 制造费用总额 －（变动成本总额 + 固定成本总额）

= 142,500 －（50,000 + 60,000）= 32,500 元

(2) 将高低点的混合成本列表如下,并进行分解:

摘　　要	高点(9月)	低点(4月)	差额(Δ)
业务量(机器小时)	75,000	50,000	Δx=25,000
混合成本总额(元)	41,250	32,500	Δy=8,750

∴ $b = \dfrac{\Delta y}{\Delta x} = \dfrac{8,750}{25,000} = 0.35$ 元/机器小时

将 b 值代入高点混合成本公式,并移项:

$$a = y_\text{高} - bx_\text{高} = 41,250 - (0.35 \times 75,000) = 15,000 \text{元}$$

或 b 值代低点混合成本公式,并移项:

$$a = y_\text{低} - bx_\text{低} = 32,500 - (0.35 \times 50,000) = 15,000 \text{元(同样结果)}$$

∴ 制造费用总额中的混合成本公式应为:

$$y = a + bx = 15,000 + 0.35x$$

2. 若计划期间生产能量为 65,000 机器小时,则其制造费用总额应为:

∵ 变动成本总额(bx)=1×65,000=65,000 元

　固定成本总额(a)=60,000 元(高低点业务量相同)

　混合成本总额(MC)=15,000+(0.35×65,000)=37,750 元

∴ 制造费用总额=bx+a+MC=65,000+60,000+37,750
　　　　　　　　=162,750 元

习 题 解 答 九

填空:

案例	销售数量(x)	销售收入总额(px)	变动成本总额(bx)	单位贡献毛益(cm)	固定成本总额(a)	净利或(亏损)
1	5,000 件		30,000 元			
2		64,000 元			15,000 元	
3			30,000 元	5 元		
4				4 元		16,000 元

计算过程:

案例 1

(1) ∵ Tcm−a=P

∴ $Tcm = a + P = 10,000 + 10,000 = 20,000$ 元

又∵ $cm \cdot x = Tcm$

∴ $x = \dfrac{Tcm}{cm} = \dfrac{20,000}{4} = 5,000$ 件

(2) ∵ $px - bx = Tcm$

∴ $bx = px - Tcm = 50,000 - 20,000 = 30,000$ 元

案例 2

(1) ∵ $Tcm = cm \cdot x = 3 \times 8,000 = 24,000$ 元

又∵ $px - bx = Tcm$

∴ $px = Tcm + bx = 24,000 + 40,000 = 64,000$ 元

(2) ∵ $Tcm - a = P$

∴ $a = Tcm - P = 24,000 - 9,000 = 15,000$ 元

案例 3

(1) ∵ $px - (a + bx) = P$

∴ $bx = px - a - P = 45,000 - 18,000 - (-3,000) = 30,000$ 元

(2) ∵ $Tcm = px - bx = 45,000 - 30,000 = 15,000$ 元

∴ $cm = \dfrac{Tcm}{x} = \dfrac{15,000}{3,000} = 5$ 元

案例 4

(1) ∵ $Tcm = px - bx = 81,000 - 45,000 = 36,000$ 元

∴ $cm = \dfrac{Tcm}{x} = \dfrac{36,000}{9,000} = 4$ 元

(2) $P = Tcm - a = 36,000 - 20,000 = 16,000$ 元

习 题 解 答 十

填空：

案例	销售收入总额(px)	变动成本总额(bx)	贡献毛益率(cmR)	固定成本总额(a)	净利或(亏损)P or (L)
1		108,000 元		60,000 元	
2			45%		35,000 元
3	250,000 元	175,000 元			
4			35%	110,000 元	

计算过程：

案例1

(1) ∵ $bR = 1 - cmR = 1 - 40\% = 60\%$

∴ $bx = px \cdot bR = 180,000 \times 60\% = 108,000$ 元

(2) ∵ $Tcm = px \cdot cmR = 180,000 \times 40\% = 72,000$ 元

∴ $a = Tcm - P = 72,000 - 12,000 = 60,000$ 元

案例2

(1) ∵ $Tcm = px - bx = 300,000 - 165,000 = 135,000$ 元

∴ $cmR = \dfrac{Tcm}{px} = \dfrac{135,000}{300,000} = 45\%$

(2) ∵ $P = Tcm - a = 135,000 - 100,000 = 35,000$ 元

案例3

(1) ∵ $Tcm - a = P$

∴ $Tcm = a + P = 80,000 + (-5,000) = 75,000$ 元

又 ∵ $cmR = \dfrac{Tcm}{px}$

∴ $px = \dfrac{Tcm}{cmR} = \dfrac{75,000}{30\%} = 250,000$ 元

(2) ∵ $px - bx = Tcm$

∴ $bx = px - Tcm = 250,000 - 75,000 = 175,000$ 元

案例4

(1) ∵ $Tcm = px - bx = 400,000 - 260,000 = 140,000$ 元

∴ $cmR = \dfrac{Tcm}{px} = \dfrac{140,000}{400,000} = 35\%$

(2) ∵ $Tcm - a = P$

∴ $a = Tcm - P = 140,000 - 30,000 = 110,000$ 元

习题解答十一

计算基期利润(P)

∵ 基期变动成本总额$(bx) = px \cdot bR = 26 \times 10,000 \times 70\%$
$= 182,000$ 元

∴ 基期贡献毛益总额$(Tcm) = px - bx = 26 \times 10,000 - 182,000$
$= 78,000$ 元

∴ 基期利润$(P) = Tcm - a = 78,000 - 18,000 = 60,000$ 元

计算经营杠杆率(DOL)

经营杠杆率$(DOL)=\dfrac{Tcm}{P}=\dfrac{78,000}{60,000}=1.3$ 倍

预测计划期利润(P')

$P'=P(1+R\cdot DOL)=60,000\times(1+18\%\times1.3)$
$=74,040$ 元

习题解答十二

应用贡献毛益的知识进行计算：

计算原定计划的贡献毛益率：

∵ $P=Tcm-a$

∴ $Tcm=P+a=100,000+300,000=400,000$ 元

∴ $cm=\dfrac{Tcm}{x}=\dfrac{400,000}{100,000}=4$ 元/件

由于实际执行时,产品的售价和成本水平均无变动,故实际的单位贡献毛益仍应为 4 元/件。

∴ 实际生产 12 万件,其利润应为：

$P=Tcm-a=cm\cdot x-a=4\times120,000-300,000$
$=180,000$ 元

而翔华公司本年实现利润只有 120,000 元,两者相差 60,000 元。

应用经营杠杆的基本知识进行计算：

计算基期经营杠杆率：

$DOL=\dfrac{Tcm}{P}=\dfrac{P+a}{P}=\dfrac{100,000+300,000}{100,000}=4$ 倍

计算实际应完成的利润：

$P'=P(1+R\cdot DOL)=100,000\times(1+20\%\times4)$
$=180,000$ 元

而翔华公司实际实现的利润只有 120,000 元,相差 60,000 元。

评价：

按照传统会计的观念来说,由于每件产品的计划利润为 1 元,现超产 2 万件,增加利润 2 万元,就是超额 20% 完成了利润计划。但就管理会计的观点来看,利润计划不但未完成,还相差 6 万元。这主要是因为根据成本习性的原理,产量的增长,虽然不改变其固定成本总额,但它会使其单位固定成本降低,从

而提高单位产品的利润,并使利润增长率大于产销量的增长率。正因为没有考虑这个因素,故翔华公司本年度实际上没有完成利润计划的任务,即少完成 6 万元。

习题解答十三

1.

计算通达公司空白栏中的有关数据:

$$bx = px \cdot bR = 100 \times 20\% = 20 \text{ 万元}$$
$$Tcm = px - bx = 100 - 20 = 80 \text{ 万元}$$
$$a = Tcm - P = 80 - 20 = 60 \text{ 万元}$$
$$DOL = \frac{Tcm}{P} = \frac{80}{20} = 4 \text{ 倍}$$
$$R \cdot DOL = 10\% \times 4 = 40\%$$
$$利润增长额 = P \cdot R \cdot DOL = 20 \times 40\% = 8 \text{ 万元}$$

计算祥云公司空白栏中的有关数据:

$$bx = px \cdot bR = 100 \times 60\% = 60 \text{ 万元}$$
$$Tcm = px - bx = 100 - 60 = 40 \text{ 万元}$$
$$a = Tcm - P = 40 - 20 = 20 \text{ 万元}$$
$$DOL = \frac{Tcm}{P} = \frac{40}{20} = 2 \text{ 倍}$$
$$R \cdot DOL = 10\% \times 2 = 20\%$$
$$利润增长额 = P \cdot R \cdot DOL = 20 \times 20\% = 4 \text{ 万元}$$

根据以上计算的结果填入计算分析表内:

公司	px	bx	Tcm	a	P	DOL	R	R·DOL	利润增长额
通达	100万元	20万元	80万元	60万元	20万元	4倍	10%	40%	8万元
祥云	100万元	60万元	40万元	20万元	20万元	2倍	10%	20%	4万元

2. 从以上计算分析表的资料可以看出,尽管两个公司的销售收入与税前净利相同,但由于它们的成本结构有差异(通达公司的变动成本率为20%,祥云公司的变动成本率为60%),于是通达公司的固定成本总额为60万元,而祥云公司只有20万元。根据经营杠杆的知识,在利润给定的情况下,企业的固定成本总额比重越大,经营杠杆率就越大。在我们的例子中,通达公司的 DOL

为4倍,大于祥云公司的2倍。而DOL的增加,意味着企业的销售量增加时利润将以DOL的倍数增加。故通达公司、祥云公司的销售增长率(R)虽然都是10%,但通达公司的利润增长额却比祥云公司高2倍;反之,若销售量减少,通达公司的利润下降额同样要比祥云公司的下降额高两倍。所有这些就充分证明了DOL高的通达公司所冒经营的风险,要比DOL低的祥云公司大两倍。

二、变动成本法

习题解答一

1.

按全部成本法计算单位产品成本：

∵ $\frac{单位变动}{生产成本} = \frac{20,000+15,000+20,000}{5,000} = 11 元$

$\frac{单位固定}{生产成本} = \frac{20,000}{5,000} = 4 元$

∴ 单位产品成本 = 11 + 4 = 15 元

按变动成本法计算单位产品成本：

∵ $\frac{单位变动}{生产成本} = \frac{20,000+15,000+20,000}{5,000} = 11 元$

∴ 单位产品成本 = 11 元

2.

编制职能式收益表：

先算出销售单价：

∵ 变动成本率(bR) = $\frac{单位变动成本(b)}{销售单价(p)}$

∴ 销售单价 = $\frac{单位变动成本}{变动成本率} = \frac{11}{55\%} = 20 元$

编制职能式收益表：

四维公司职能式收益表
1997年度   单位：元

摘　　要	金　额	
销售收入总额(20×4,000)		80,000
销售成本：		
期初存货	0	
本期生产成本(15×5,000)	75,000	
可供销售的生产成本	75,000	
减：期末存货(15×1,000)	15,000	
销售成本总额		60,000
销售毛利		20,000
减：推销及管理费用		10,000
税前净利		10,000

编制贡献式收益表：

四维公司贡献式收益表
19×7年度 单位：元

摘 要	金 额
销售收入总额(20×4,000)	80,000
变动成本总额(11×4,000)	44,000
贡献毛益总额	36,000
减：期间成本：	
固定制造费用 20,000	
固定推销及管理费用 10,000	
期间成本总额	30,000
税前净利	6,000

3.

比较上述两张收益表，可明显看出职能式收益表算出来的税前净利，较贡献式收益表算出来的要多 4,000 元(10,000－6,000)。

验算：两表税前净利差额＝单位固定成本×存货增加量
＝4×1,000＝4,000 元

习 题 解 答 二

1. 根据给定资料按变动成本法编制中信公司的贡献式收益表：

中信公司贡献式收益表
（按变动成本法编制）
19×7年度 单位：元

摘 要	金 额
销售收入	600,000
变动成本总额：	
变动生产成本(8万元＋10万元＋4万元) 220,000	
变动推销及管理成本 130,000	
变动成本总额	350,000
贡献毛益总额	250,000
减：期间成本：	
固定制造费用 60,000	
固定推销及管理费用 70,000	
期间成本总额	130,000
税前净利	120,000

上列贡献式收益表算出来的税前净利与按全部成本法编制的收益表算出的数据相同,这是因为该公司期初、期末均无存货。

2. 假定 19×7 年中信公司有期末存货 1,000 只。

(1) 先计算手提包的销售单价,以及在两种成本法下的单位产品成本:

① 手提包的 $p = \dfrac{px}{x} = \dfrac{600,000}{15,000} = 40$ 元/只

② 按全部成本法:

∵ $\dfrac{\text{单位变动}}{\text{生产成本}} = \dfrac{80,000+100,000+40,000}{15,000} = 14.67$ 元

$\dfrac{\text{单位固定}}{\text{生产成本}} = \dfrac{60,000}{15,000} = 4$ 元

∴ 单位产品成本 = 14.67 + 4 = 18.67 元

③ 按变动成本法:

$\dfrac{\text{单位变动}}{\text{生产成本}} = \dfrac{80,000+100,000+40,000}{15,000} = 14.67$ 元

单位产品成本 = 单位变动成本 = 14.67 元

(2) 在有期末存货 1,000 件的情况下,分别按两种成本法编制收益表:

中信公司收益表
(按全部成本法)
19×7 年度

单位:元

摘　　要	金	额
销售收入(40×14,000)		560,000
销售成本:		
期初存货	0	
本期生产成本(18.67×15,000)	280,050	
可供销售的生产成本	280,050	
减:期末存货(18.67×1,000)	18,670	261,380
销售毛利		298,620
减:推销及管理费用(变动及固定)		200,000
税前净利		98,620

中信公司收益表

（按变动成本法）

19×7年度　　　　　　　　　　　　　　　　单位：元

摘　　要	金　　额	
销售收入（40×14,000）		560,000
变动成本总额：		
变动生产成本（14.67×14,000）	205,380	
变动推销及管理成本	130,000	335,380
贡献毛益总额		224,620
减：期间成本：		
固定制造费用	60,000	
固定推销及管理费用	70,000	130,000
税前净利		94,620

3. 假定19×7年中信公司有期初存货2,000只，本期生产15,000只，本期销售17,000只（即期末存货为0），在这样情况下，分别按两种成本法编制收益表：

中信公司收益表

（按全部成本法）

19×7年度　　　　　　　　　　　　　　　　单位：元

摘　　要	金　　额	
销售收入（40×17,000）		680,000
销售成本：		
期初存货（18.67×2,000）	37,340	
本期生产成本（18.67×15,000）	280,050	
可供销售的生产成本	317,390	
减：期末存货	0	317,390
销售毛利		362,610
减：推销及管理费用（变动及固定）		200,000
税前净利		162,610

中信公司收益表
(按变动成本法)
19×7 年度   单位:元

摘 要	金	额
销售收入(40×17,000)		680,000
变动成本总额:		
变动生产成本(14.67×17,000)	249,390	
变动推销及管理成本	130,000	379,390
贡献毛益总额		300,610
减:期间成本:		
固定制造费用	60,000	
固定推销及管理费用	70,000	130,000
税前净利		170,610

习 题 解 答 三

1. 为中原软化器厂编制 19×8 年度的职能式收益表:

中原软化器厂职能式收益表
19×8 年度   单位:元

摘 要	金	额
销售收入		2,400,000
销售成本:		
变动制造成本	840,000	
固定制造成本	900,000	1,740,000
销售毛利		660,000
减:变动推销及管理成本	120,000	
固定推销及管理成本	300,000	420,000
税前净利		240,000

2. 若中原软化器厂期初有存货 1,500 个,本期生产 6,000 个,本期销售 7,000 个。在这样情况下,按两种成本法分别编制收益表,需要:

先计算两种成本法下的单位产品成本：

$$\because \quad \text{单位变动制造成本} = \frac{840,000}{6,000} = 140 \text{ 元}$$

$$\text{单位固定制造成本} = \frac{900,000}{6,000} = 150 \text{ 元}$$

$$\therefore \quad \text{全部成本法下的单位产品成本} = 140 + 150 = 290 \text{ 元}$$

变动成本法下的单位产品成本 = 140 元

(2) 按全部成本法编制收益表：

中原软化器厂收益表
（按全部成本法）
19×8 年度　　　　　　　　　　　　单位：元

摘　　要	金　　额	
销售收入(400×7,000)		2,800,000
销售成本：		
期初存货(290×1,500)	435,000	
本期制造成本(290×6,000)	1,740,000	
可供销售的制造成本	2,175,000	
减：期末存货(290×500)	145,000	2,030,000
销售毛利		770,000
减：变动推销及管理成本	120,000	
固定推销及管理成本	300,000	420,000
税前净利		350,000

(3) 按变动成本法编制收益表：

中原软化器厂收益表
（按变动成本法）
19×8 年度　　　　　　　　　　　　单位：元

摘　　要	金　　额	
销售收入(400×7,000)		2,800,000
变动成本总额：		
变动制造成本(140×7,000)	980,000	
变动推销及管理成本	120,000	1,100,000
贡献毛益总额		1,700,000
减：期间成本：		
固定制造成本	900,000	
固定推销及管理成本	300,000	1,200,000
税前净利		500,000

习 题 解 答 四

1. 分别计算两种成本法下的单位产品成本和期末存货成本。

(1) 先计算两种成本法下的单位产品成本：

按全部成本法：

∵ 单位变动生产成本 $= \dfrac{20,000+32,000+6\times 4,000}{4,000} = 19$ 元

单位固定生产成本 $= \dfrac{28,000}{4,000} = 7$ 元

∴ 单位产品成本 $= 19+7 = 26$ 元

按变动成本法：

∵ 单位变动生产成本 $= \dfrac{20,000+32,000+6\times 4,000}{4,000} = 19$ 元

∴ 单位产品成本 $= 19$ 元

(2) 再计算两种成本法下的期末存货成本：

∵ 全部成本法下的存货成本 $= 26 \times (4,000-3,500) = 13,000$ 元

变动成本法下的存货成本 $= 19 \times (4,000-3,500) = 9,500$ 元

2. 分别按两种方法编制收益表。

(1) 在编制收益表以前，先计算销售单价：

∵ 变动成本率(bR) $= 1-$ 贡献毛益率 $= 1-50\% = 50\%$

又∵ $bR = \dfrac{b}{p}$

∴ $p = \dfrac{b}{bR}$

而这里的 b = 单位变动生产成本 + 单位变动推销及管理成本 $= 19+4 = 23$ 元

∴ $p = \dfrac{23}{50\%} = 46$ 元

(2) 按全部成本法、变动成本法编制收益表(见下页表)。

3. 按全部成本法算出的税前净利比按变动成本法求得的税前净利多 3,500 元 (35,000 − 31,500)。

验算：两种成本法求得税前净利的差额 = 单位固定成本 × 存货增加量 $= 7 \times 500$

$= 3,500$ 元

义利公司收益表

（按全部成本法）

19×9年度　　　　　　　　　　　　　　　　　单位：元

摘　　要	金　　额	
销售收入(46×3,500)		161,000
销售成本：		
期初存货	0	
本期生产成本(26×4,000)	104,000	
可供销售的生产成本	104,000	
减：期末存货(26×500)	13,000	91,000
销售毛利		70,000
减：变动推销及管理费用(4×3,500)	14,000	
固定推销及管理费用	21,000	35,000
税前净利		35,000

义利公司收益表

（按变动成本法）

19×9年度　　　　　　　　　　　　　　　　　单位：元

摘　　要	金　　额	
销售收入(46×3,500)		161,000
变动成本总额：		
变动生产成本(19×3,500)	66,500	
变动推销及管理成本(4×3,500)	14,000	80,500
贡献毛益总额		80,500
减：期间成本		
固定制造费用	28,000	
固定推消及管理费用	21,000	49,000
税前净利		315,000

习 题 解 答 五

1. 采用变动成本法编制连续三年的贡献式收益表。

杜邦公司贡献式收益表

单位：元

摘　　要	第一年	第二年	第三年
销售收入总额(px)	80,000	48,000	96,000
变动成本总额(bx)	30,000	18,000	36,000
贡献毛益总额(Tcm)	50,000	30,000	60,000
减：期间成本：			
固定制造费用	20,000	20,000	20,000
固定推销及管理费用	15,000	15,000	15,000
期间成本总额	35,000	35,000	35,000
税前净利	15,000	(5,000)	25,000

2. 分析原因。

(1) $\because$ 第一年的生产量＝销售量

$\therefore$ 按全部成本法求得的税前净利＝按变动成本法算出的税前净利。

(2) $\because$ 第二年的生产量＞销售量(4,000件)

$\therefore$ 按全部成本法求得的税前净利＞按变动成本法算出的税前净利，其差额＝3,000－(－5,000)＝8,000元

验算：两者差额＝$\frac{\text{单位固定}}{\text{生产成本}}×\frac{\text{存货增}}{\text{加\ 量}}$＝2×4,000＝8,000元

(3) $\because$ 第三年的生产量＜销售量(2,000件)

$\therefore$ 按变动成本法求得的税前净利＞按全部成本法算出的税前利，其差额＝25,000－21,000＝4,000元

验算：两者差额＝$\frac{\text{单位固定}}{\text{生产成本}}×\frac{\text{存货减}}{\text{少\ 量}}$＝2×2,000＝4,000元

习 题 解 答 六

1. 按全部成本法计算第一年和第二年的单位产品成本。

第　一　年	第　二　年
单位变动生产成本＝8元	单位变动生产成本＝8元
单位固定生产成本＝$\frac{24,000}{8,000}$＝3元	单位固定生产成本＝$\frac{24,000}{10,000}$＝2.40元
单位产品成本＝11元	单位产品成本＝10.40元

2. $\because$ 第二年的生产量比第一年增加了2,000件

∴ 第二年的单位定生产成本和单位产品成本都比第一年降低了 0.60元(3−2.40,或 11−10.40)

∴ 第二年的税前净利要比第一年的要增加：
$$0.60 \times 8,000 = 4,800(元)$$

3. 按变动成本法编制贡献式比较收益表：

光明公司贡献式比较收益表

单位：元

摘　　要	第一年	第二年
销售收入总额(15×8,000)	120,000	120,000
变动成本		
变动生产成本(8×8,000)	64,000	64,000
变动推销及管理成本(1×8,000)	8,000	8,000
变动成本总额	72,000	72,000
贡献毛益总额	48,000	48,000
减：固定生产成本	24,000	24,000
固定推销及管理成本	12,000	12,000
期间成本总额	36,000	36,000
税前净利	12,000	12,000

4. 通过两张比较收益表的对比,可以看出尽管第一年和第二年的销售量、销售单价相同,单位变动成本与固定成本总额均无变动；但由于两年产量不同,在采用全部成本法的情况下,两年的税前净利就会出现很大差别,第二年比第一年增加 4,800 元(16,800−12,000),这是很难令人理解的。如果采用变动成本法,则各年产量的高低与存货的增减,对税前净利都无影响。因此,当第一年与第二年的销售量相同时(包括销售单价与成本水平不变),其税前净利都是 12,000 元,完全相同。故我们认为变动成本法比较合理,而且容易令人理解。

习 题 解 答 七

1. 分别按两种方法计算两年的 B 产品的单位成本。

按全部成本法计算两年的 B 产品单位成本：

第 一 年	第 二 年
单位变动生产成本=18元	单位变动成本=18元
单位固定制造费用=$\frac{60,000}{3,000}$=20元	单位固定制造费用=$\frac{60,000}{2,000}$=30元
单位产品成本=38元	单位产品成本=48元

按变动成本法计算两年的B产品单位成本:

第 一 年	第 二 年
单位变动成本=18元	单位变动成本=18元
单位产品成本=18元	单位产品成本=18元

2. 分别按两种方法编制近两年的比较收益表。

按全部成本法编制近两年的职能式比较收益表:

∵ 第一年销售量=生产量+期初存量-期末存量
  =3,000+0-1,000=2,000(吨)
  第二年销售量=2,000+1,000-0=3,000(吨)

吉利公司职能式比较收益表

单位: 元

摘　　要	第一年	第二年
销售收入总额	100,000	150,000
销售成本		
期初存货	0	38,000
本期生产成本	114,000	96,000
可供销售的生产成本	114,000	134,000
减:期末存货	38,000	0
销售成本总额	76,000	134,000
销售毛利	24,000	16,000
减:推销及管理费用	15,000	15,000
税前净利	9,000	1,000

按变动成本法编制近两年的贡献式比较收益表:

吉利公司贡献式比较收益表

单位：元

摘　要	第一年	第二年
销售收入总额(px)	100,000	150,000
变动成本总额(bx)	36,000	54,000
贡献毛益总额	64,000	96,000
减：期间成本：		
固定制造费用	60,000	60,000
固定推销及管理费用	15,000	15,000
期间成本总额	75,000	75,000
税前净利	(11,000)	21,000

3. 通过上述两张收益表的对比，可以看出：第一年销售 2,000 吨，第二年销售 3,000 吨，同时两年的销售单价、单位变动成本和固定成本总额均无变动。但采用全部成本法后，却出现了第二年在销售量比第一年增长 50% 的情况下，其税前净利反而比第一年减少 8,000 元（9,000－1,000），即降低 88.89% 的怪现象。这主要是由于第二年的产量与存货量有了变动，可是从表面现象上来看，显然令人感到费解。

但同样的数据，若采用变动成本法，第二年比第一年销售量增长 50%，其税前净利也从原来的亏损 11,000 元，增长到盈利 21,000 元。这充分证明变动成本法不受产量高低与存货增减的影响，只要销售单价、单位变动成本、固定成本总额不变，其税前净利就随着销售量同方向增减。因此，我们认为变动成本法比全部成本法合理。

习 题 解 答 八

1. 分别按两种方法编制近两年的比较收益表。

（1）采用全部成本法。

按全部成本法计算甲产品在两个年度内的单位产品成本：

摘　要	第 一 年	第 二 年
单位变动成本	80 元	80 元
单位固定制造费用	$\frac{120,000}{2,000}=60$ 元	$\frac{120,000}{4,000}=30$ 元
单位产品成本	140 元	110 元

计算甲产品的销售单价：

$$\because \text{变动成本率} = \frac{\text{单位变动成本}}{\text{销售单价}}$$

$$\therefore \text{销售单价} = \frac{\text{单位变动成本}}{\text{变动成本率}} = \frac{80}{50\%} = 160 \text{元}$$

按全部成本法为永和公司编制职能式比较收益表:

永和公司职能式比较收益表

单位:元

摘　　要	第一年	第二年
销售收入总额	320,000	320,000
销售成本:		
期初存货	0	0
本期生产成本	280,000	440,000
可供销售的生产成本	280,000	440,000
减:期末存货	0	220,000
销售成本总额	280,000	220,000
销售毛利	40,000	100,000
减:固定推销及管理费用	35,000	35,000
税前净利	5,000	65,000

(2) 采用变动成本法。

按变动成本法计算甲产品在两个年度内的单位产品成本:

第一年、第二年的甲产品的单位成本 = 甲产品的单位变动成本
　　　　　　　　　　　　　　　　= 80 元

按变动成本法为永和公司编制贡献式比较收益表:

永和公司贡献式比较收益表

单位:元

摘　　要	第一年	第二年
销售收入总额(px)	320,000	320,000
变动成本总额(bx)	160,000	160,000
贡献毛益总额	160,000	160,000
减:期间成本:		
固定制造费用	120,000	120,000
固定推销及管理费用	35,000	35,000
期间成本总额	155,000	155,000
税前净利	5,000	5,000

2. 评述：

通过以上两张比较收益表的对比,可以看出:永和公司第一年与第二年的销售量相同,均为 2,000 件;两个年度的销售单价均为 160 元,单位变动成本与固定成本总额都分别为 80 元和 120,000 元。只是由于第二年的产量是第一年的一倍,在这样情况下采用全部成本法就会使第二年的税前净利比第一年增加 60,000 元(65,000－5,000),增长 12 倍,这里很令人费解的。从这里也可以明显地反映出采用全部成本法来计算税前净利,会促使人们片面追求产量,盲目生产社会不需要的产品,其结果是仓库积压、财政虚收。但是同样的数据如采用变动成本法,只要两个年度的销售量相同,销售单价、单位变动成本与固定成本总额不变,则两个年度的税前净利都是 5,000 元,业绩相同。正因为变动成本法能促使管理当局重视销售环节,防止盲目生产,故我们认为变动成本法比较合理。

习题解答九

1. 按变动成本法编制贡献式收益表。

(1) 根据给定的资料分别计算各种变动成本与各种期间成本：

变动成本：

$$变动生产成本 = 销售成本 \times 80\% = 400,000 \times 80\%$$
$$= 320,000 元$$

$$变动推销成本 = 推销费用 \times 60\% = 200,000 \times 60\% = 120,000 元$$

$$变动管理成本 = 管理费用 \times 30\% = 160,000 \times 30\% = 48,000 元$$

期间成本：

$$固定生产成本 = 销售成本 － 变动生产成本 = 400,000 － 320,000$$
$$= 80,000 元$$

$$固定推销成本 = 推销费用 － 变动推销成本 = 200,000 － 120,000$$
$$= 80,000 元$$

$$固定管理成本 = 管理费用 － 变动管理成本 = 160,000 － 48,000$$
$$= 112,000 元$$

(2) 按变动成本法为发达公司编制贡献式收益表：

发达公司贡献式收益表

单位：元

摘　　要	金　　额	
销售收入总额(px)		840,000
变动成本总额(bx):		
变动生产成本	320,000	
变动推销成本	120,000	
变动管理成本	48,000	488,000
贡献毛益总额(Tcm)		352,000
减：期间成本:		
固定生产成本	80,000	
固定推销成本	80,000	
固定管理成本	112,000	272,000
税前净利		80,000

2. 计算 A 产品的贡献毛益率：

$$贡献毛益率(cmR) = \frac{Tcm}{px} = \frac{352,000}{840,000} = 41.9\%$$

习 题 解 答 十

1. 按变动成本法为华夏公司编制收益表：

华夏公司上年度贡献式收益表

单位：元

销售收入总额(2,500×500)		1,250,000
变动成本总额(1,000×500)		500,000
贡献毛益总额		750,000
减：期间成本:		
固定制造费用	800,000	
固定推销及管理费用	250,000	1,050,000
净亏		(300,000)

2. 根据总会计师建议一年生产 1,000 台，销售 500 台，在这样情况下，按

全部成本法编制职能式收益表:

华夏公司上年度职能式收益表

单位:元

销售收入总额(2,500×500)		1,250,000
销售成本总额:		
期初存货	0	
本期生产成本(1,800*×1,000)	1,800,000	
可供销售的生产成本	1,800,000	
减:期末存货(1,800*×500)	900,000	900,000
销售毛利		350,000
减:固定推销及管理费用		250,000
税前净利		100,000

* 按全部成本法计算,每台织毛衣机的成本:

$$\text{单位变动生产成本} = 1,000 \text{ 元}$$
$$\text{单位固定生产成本} = \frac{800,000}{1,000} = 800 \text{ 元}$$
$$\text{单位产品成本} = 1,800 \text{ 元}$$

根据总会计师的建议,从按全部成本法编制的收益表上来看,似乎华夏公司是实现盈利了,但实际上是个虚假现象。因为这个盈利是用期末积压存货 500 台换来的,而市场上的购买潜量只有 500 台,今后卖不掉,再削价处理,该公司的损失更大。故这个建议不可取。

3. 销售部门经理建议生产技术人员革新工艺,提高质量,减少消耗,不断降低产品成本,这确是扭亏转盈的根本途径;另外生产部门建议销售人员应千方百计多作促销活动,也是个办法,但短期内不易见效。

三、预测分析

习题解答一

先求宇宙公司甲产品的贡献毛益率：

∵ 甲产品的变动成本率(bR) = 变动生产成本率 + 变动推销成本率 + 变动管理成本率

$= 35\% + 25\% + 10\% = 70\%$

∴ 甲产品的贡献毛益率(cmR) $= 1 - bR = 1 - 70\% = 30\%$

再计算甲产品的单位贡献毛益(cm)：

∵ 贡献毛益率(cmR) $= \dfrac{cm}{p}$

∴ $cm = p \cdot cmR = 50 \times 30\% = 15$ 元

既然 cm 和 a 均为已知，代入保本销售量公式：

∴ 甲产品的保本销售量$(BE_u) = \dfrac{a}{cm} = \dfrac{105,000}{15} = 7,000$ 件

习题解答二

根据本年度的实际资料：

∵ $px = 150,000$ 元；又 $p = 40$ 元

∴ $40x = 150,000$ 元　故 $x = 3,750$ 件

∵ $px - (a + bx) = P$

∴ $150,000 - (a + 3,750b) = 12,000$ 元

移项：$a + 3,750b = 138,000$ 元　　　　　　　　　　　　　(1)

根据计划年度的计划资料：

∵ $px - (a + bx) = P$

∴ $150,000 \times (1 - 10\%) - [a + 3,750 \times (1 - 10\%)b]$

$= 12,000 \times (1 - 75\%)$

$135,000 - (a + 3,375b) = 3,000$ 元

移项：$a + 3,375b = 132,000$ 元　　　　　　　　　　　　　(2)

将上述(1)、(2)两个联立方程式通过消元法,求 a 与 b 的值:

(1)-(2),   375b=6,000 元,   ∴   b=16 元   (3)

(3)代入(1),   a+(3,750×16)=138,000 元

移项: a=138,000-60,000=78,000 元

既然 a、b 的值均为已知,代入保本销售量公式:

$$\therefore \text{保本销售量}(BE_u) = \frac{a}{p-b} = \frac{78,000}{40-16} = 3,250 \text{ 件}$$

习 题 解 答 三

1. 预测 A 产品的保本销量:

(1) 求 x 的值:

∵   bx=84,000 元,   b=6 元

∴   6x=84,000 元,   ∴   x=14,000 个

(2) 求 p 的值:

$$\because \quad bR = \frac{bx}{px} = 40\%$$

$$\therefore \quad px = \frac{bx}{bR} = \frac{84,000}{40\%} = 210,000 \text{ 元}$$

$$\therefore \quad p = \frac{px}{x} = \frac{210,000}{14,000} = 15 \text{ 元}$$

(3) 求 a 的值:

∵   px-(a+bx)=P

∴   a=px-bx-P=210,000-84,000-18,000=108,000 元

(4) 求保本销售量(BE_u)的值:

$$(BE_u) = \frac{a}{p-b} = \frac{108,000}{15-6} = 12,000 \text{ 个}$$

2. 预测税前净利:

(1) 求计划年度销售量:

∵   计划年度销售量增长 15%

∴   计划年度销售量=14,000×(1+15%)=16,100 个

(2) 销售量增长 15% 可获税前净利 $= MS_u \cdot cm = (16,100-12,000) \times (15-6)$

                 =36,900 元

习 题 解 答 四

1. 预测甲产品的保本销售额:

(1) 求甲产品的销售单价(p)

∵ $cmR = 1 - bR = 1 - 60\% = 40\%$；$cm = 8$ 元

又 $cmR = \dfrac{cm}{p}$

∴ $p = \dfrac{cm}{cmR} = \dfrac{8}{40\%} = 20$ 元

(2) 求甲产品的保本销售量(BE_u)与保本销售额(BE_d)

∵ $BE_u = S_u(1 - MSR) = 20,000 \times (1 - 20\%) = 16,000$ 件

∴ $BE_d = p \cdot BE_u = 20 \times 16,000 = 320,000$ 元

2. 预测计划年度产销甲产品 20,000 件，可获税前净利(P)

$P = MS_u \cdot cm = (20,000 - 16,000) \times 8 = 32,000$ 元

习 题 解 答 五

1. 预测保本销售额：

(1) 将传统式收益表改为如下贡献式收益表：

销售收入总额(px)	600,000 元
变动成本总额(bx)	360,000
贡献毛益总额(Tcm)	240,000 元

(2) 根据贡献式收益表的资料，求出贡献毛益率(cmR)：

$$cmR = \dfrac{Tcm}{px} = \dfrac{240,000}{600,000} = 40\%$$

(3) 已知贡献毛益率，再代入求保本销售额(BE_d)的公式：

保本销售额(BE_d) $= \dfrac{a}{cmR} = \dfrac{300,000 + 60,000}{40\%} = 900,000$ 元

2. 已知贡献毛益率，再代入目标销售额(TS_d)的公式：

目标销售额(TS_d) $= \dfrac{a + TP}{40\%} = \dfrac{(300,000 + 60,000) + 60,000}{40\%}$

$= 1,050,000$ 元

习 题 解 答 六

1. 预测目标销售量和目标销售额：

(1) 求 b 与 cmR 的值：

① ∵ $bR = \dfrac{b}{p}$

∴ b = p · bR = 200 × 60% = 120 元

② ∵ bR = 60%

∴ cmR = 1 − bR = 1 − 60% = 40%

(2) 求保证目标税前利润 60,000 元,实现的目标销售量(TS_u)和目标销售额(TS_d):

① $TS_u = \dfrac{a+TP}{p-b} = \dfrac{80,000+60,000}{200-120} = 1,750$ 台

② $TS_d = \dfrac{a+TP}{cmR} = \dfrac{80,000+60,000}{40\%} = 350,000$ 元

2. 求保证目标税前利润 60,000 元,实现的目标销售量(TS_u)和目标销售额(TS_d):

(1) $TS_u = \dfrac{80,000 + \dfrac{60,000}{1-50\%}}{200-120} = 2,500$ 台

(2) $TS_d = \dfrac{80,000 + \dfrac{60,000}{1-50\%}}{40\%} = 500,000$ 元

习 题 解 答 七

1. 预测保本销售额:

(1) 采用加权平均法:

① 根据给定的资料加以延伸,确定各种产品的加权贡献毛益率,并编制计算表:

摘　　要	甲产品	乙产品	丙产品	丁产品	合　计
销售量(x)	40台	80台	20台	60台	—
销售单价(p)	900元	2,000元	1,000元	3,000元	—
单位变动成本(b)	720	1,800	600	2,100	—
单位贡献毛益(cm)	180元	200元	400元	900元	—
贡献毛益率(cmR)	20%	10%	40%	30%	—
销售收入总额(px)	36,000元	160,000元	20,000元	180,000元	396,000元
销售比重	9.09%	40.40%	5.05%	45.46%	100%
加权贡献毛益率	1.82%	4.04%	2.02%	13.64%	21.52%

② 计算 4 种产品的综合保本销售额:

$$\frac{综合保本}{销售额} = \frac{固定成本总额}{加权贡献毛益率合计} = \frac{24,000}{21.52\%} = 111,524.16 \text{元}$$

③ 将综合保本销售额分解为各种产品的保本销售额：

$$\frac{甲产品}{的 BE_d} = \frac{综合}{BE_d} \times \frac{甲产品的}{销售比重} = 111,524.16 \times 9.09\% = 10,137.55 \text{元}$$

$$\frac{乙产品}{的 BE_d} = \frac{综合}{BE_d} \times \frac{乙产品的}{销售比重} = 111,524.16 \times 40.40\% = 45,055.76 \text{元}$$

$$\frac{丙产品}{的 BE_d} = \frac{综合}{BE_d} \times \frac{丙产品的}{销售比重} = 111,524.16 \times 5.05\% = 5,631.97 \text{元}$$

$$\frac{丁产品}{的 BE_d} = \frac{综合}{BE_d} \times \frac{丁产品的}{销售比重} = 111,524.16 \times 45.46\% = 50,698.88 \text{元}$$

(2) 采用贡献毛益率分解法：

① 计算"贡献毛益保本率"(cmR_{BE})与"贡献毛益创利率"(cmR_P)：

$$cmR_{BE} = \frac{a}{\sum Tcm} = \frac{24,000}{(180 \times 40)+(200 \times 80)+(400 \times 20)+(900 \times 60)}$$

$$= \frac{24,000}{85,200} = 28.17\%$$

$$cmR_P = (1 - cmR_{BE}) = 1 - 28.17\% = 71.83\%$$

② 计算综合保本销售额：

$$\frac{综合保本}{销售额} = \sum px \cdot cmR_{BE} = 396,000 \times 28.17\% = 111,553.20 \text{元}$$

③ 计算各种产品的保本销售额（BE_d）：

$$\frac{甲产品的}{BE_d} = 甲\ px \cdot cmR_{BE} = 36,000 \times 28.17\% = 10,141.20 \text{元}$$

$$\frac{乙产品的}{BE_d} = 乙\ px \cdot cmR_{BE} = 160,000 \times 28.17\% = 45,072 \text{元}$$

$$\frac{丙产品的}{BE_d} = 丙\ px \cdot cmR_{BE} = 20,000 \times 28.17\% = 5,634 \text{元}$$

$$\frac{丁产品的}{BE_d} = 丁\ px \cdot cmR_{BE} = 180,000 \times 28.17\% = 50.706 \text{元}$$

2. 根据计划期内四种产品的计划销售收入,计算可实现的税前净利：

$$\frac{预计税}{前净利} = 安全边际额(MS_d) \times \frac{加权贡献毛}{益率合计}$$

$$= (396,000 - 111,524.16) \times 21.52\%$$

$$= 61,219.20 \text{元}$$

或：$\dfrac{\text{预计税}}{\text{前净利}} = \dfrac{\text{全部产品贡献毛}}{\text{益总额}(\sum Tcm)} \times \dfrac{\text{贡献毛益}}{\text{创利率}}(cmR_P)$

$= 85,200 \times 71.83\% = 61,199.16$ 元

习题解答八

1. 预测保本销售额：

(1) 采用加权平均法：

① 根据给定的资料加以延伸，确定各种产品的加权贡献毛益率，编制计算表：

摘　　要	A产品	B产品	C产品	合　　计
产销量(x)	20台	40台	60台	—
销售单价(p)	1,000元	1,250元	3,000元	—
变动成本率(bR)	60%	56%	70%	—
b＝p·bR	600元	700元	2,100元	—
cm＝p－b	400元	550元	900元	—
cmR＝1－bR	40%	44%	30%	—
销售收入总额(px)	20,000元	50,000元	180,000元	250,000元
销售比重	8%	20%	72%	100%
加权 cmR	3.2%	8.8%	21.6%	33.6%

② 计算三种产品的综合保本销售额：

$$\dfrac{\text{综合保本}}{\text{销 售 额}} = \dfrac{\text{固定成本总额}}{\text{加权贡献毛益率合计}} = \dfrac{20,160}{33.6\%} = 60,000 \text{元}$$

③ 将综合 BE_d 分解为各种产品的 BE_d：

$\dfrac{\text{A产品}}{\text{的} BE_d} = \dfrac{\text{综合}}{BE_d} \times \dfrac{\text{A产品的}}{\text{销售比重}} = 60,000 \times 8\% = 4,800$ 元

$\dfrac{\text{B产品}}{\text{的} BE_d} = \dfrac{\text{综合}}{BE_d} \times \dfrac{\text{B产品的}}{\text{销售比重}} = 60,000 \times 20\% = 12,000$ 元

$\dfrac{\text{C产品}}{\text{的} BE_d} = \dfrac{\text{综合}}{BE_d} \times \dfrac{\text{C产品的}}{\text{销售比重}} = 60,000 \times 72\% = 43,200$ 元

(2) 采用贡献毛益率分解法：

① 分别计算"贡献毛益保本率"(cmR_{BE})与"贡献毛益创利率"(cmR_P)：

$$cmR_{BE}=\frac{a}{\sum Tcm}=\frac{20,160}{(400\times20)+(550\times40)+(900\times60)}$$

$$=\frac{20,160}{84,000}=24\%$$

$$cmR_P=1-cmR_{BE}=1-24\%=76\%$$

② 计算三种产品的综合保本销售额：

综合 $BE_d=\sum px\cdot cmR_{BE}=250,000\times24\%=60,000$ 元

③ 计算各种产品的 BE_d：

A产品的 $BE_d=Apx\cdot cmR_{BE}=20,000\times24\%=4,800$ 元

B产品的 $BE_d=Bpx\cdot cmR_{BE}=50,000\times24\%=12,000$ 元

C产品的 $BE_d=Cpx\cdot cmR_{BE}=180,000\times24\%=43,200$ 元

2. 根据远东公司计划期内三种产品的计划销售收入，计算可实现的税前净利：

预计税前净利＝安全边际额×加权贡献毛益率合计
$$=(250,000-60,000)\times33.6\%=63,840 \text{元}$$

或：预计税前净利＝全部产品贡献毛益总额($\sum Tcm$)×贡献毛益创利率(cmR_P)
$$=84,000\times76\%=63,840 \text{元（同样结果）}$$

习 题 解 答 九

为了保证目标利润的实现，我们应采取的措施是：

(1) 提高产品的销售单价：

∵ $px-(a+bx)=TP$

∴ $p=\frac{TP+a+bx}{x}=\frac{250,000+135,000+(10\times40,000)}{40,000}$

$=19.63$ 元

故销售单价应在原来18元的基础上增加1.63元(19.63－18)，即提高原来售价的 $9.06\%\left(\frac{19.63-18}{18}\times100\%\right)$，才能保证目标利润 250,000 元的实现。

(2) 降低单位变动成本：

∵ $px-(a+bx)=TP$

$$\therefore \quad b = \frac{px - a - TP}{x} = \frac{(18 \times 40,000) - 135,000 - 250,000}{40,000}$$
$$= 8.37 \text{ 元}$$

故单位变动成本应在原来 10 元的基础上降低 1.63 元(10−8.37),即降低原来单位变动成本的 16.3% $\left(\frac{10-8.37}{10} \times 100\%\right)$,才能保证目标利润 250,000 元的实现。

(3) 增加销售量:

$$\because \quad px - (a + bx) = TP$$
$$\therefore \quad x = \frac{a + TP}{p - b} = \frac{135,000 + 250,000}{18 - 10} = 48,125 \text{ 件}$$

故销售量应在原来 40,000 件基础上增加 8,125 件(48,125−40,000),即提高原来销售量的 20.3% $\left(\frac{48,125-40,000}{40,000} \times 100\%\right)$,才能保证目标利润 250,000 元的实现。

(4) 降低固定成本总额:

$$\because \quad px - (a + bx) = TP$$
$$\therefore \quad a = px - bx - TP = (18 \times 40,000) - (10 \times 40,000) - 250,000$$
$$= 70,000 \text{ 元}$$

故固定成本总额应在原来 135,000 元的基础上减少 65,000 元(135,000−70,000),即降低原来固定成本总额的 48.15% $\left(\frac{135,000-70,000}{135,000} \times 100\%\right)$,才能保证目标利润 250,000 元的实现。

习 题 解 答 十

(1) 计算长征自行车厂在去年技术改造前应获得的利润:

$$P = px - (a + bx) = (300 \times 20,000) - (80,000 + 150 \times 20,000)$$
$$= 2,920,000 \text{ 元}$$

(2) 计算长征自行车厂在技术改造后可获得的利润:

$$P' = p'x' - (a' + b'x')$$
$$= [300 \times (1 - 5\%) \times 20,000 \times (1 + 40\%)] - [80,000 \times (1 + 20\%)] - [150 \times (1 - 10\%) \times 20,000 \times (1 + 40\%)]$$
$$= 7,980,000 - 96,000 - 3,780,000$$
$$= 4,104,000 \text{ 元}$$

(3) 计算技术改造后比技术改造前的利润增长额:

$$\Delta P = P' - P = 4,104,000 - 2,920,000 = 1,184,000 \text{元}$$

习题解答十一

1. 采用算术平均法结合计算标准离差进行预测：

(1) $\bar{x} = \dfrac{24,000 + 23,600 + 28,000 + 25,400 + 26,000 + 27,000}{6}$

   $= 25,670 \text{元}$

(2) $\because \sigma = \sqrt{\dfrac{\sum\limits_{i=1}^{n}(x_i - \bar{x})^2}{n}}$

$\therefore \sigma = \sqrt{\dfrac{(24-25.67)^2 + (23.6-25.67)^2 + (28-25.67)^2 + (25.4-25.67)^2 + (26-25.67)^2 + (27-25.67)^2}{6}}$

$= \sqrt{2.41} = 1.55 (\text{千元}) = 1,550 \text{元}$

$2\sigma = 2 \times 1,550 = 3,100 \text{元}$

(3) 结论：

① 今年 7 月份虹光公司的销售预测值在 24,120 元(25,670－1,550)与 27,220 元(25,670＋1,550)之间的概率为 68.5%。

② 今年 7 月份虹光公司的销售预测值在 22,570 元(25,670－3,100)与 28,770 元之间的概率为 95.4%。

2. 采用移动加权平均法进行预测：

(1) 计算每月销售平均变动趋势值 b：

$\because$ 第一季度实际平均销售额 $= \dfrac{24,000 + 23,600 + 28,000}{3} = 25,200 \text{元}$

第二季度实际平均销售额 $= \dfrac{25,400 + 26,000 + 27,000}{3} = 26,133.33 \text{元}$

$\therefore b = \dfrac{26,133.33 - 25,200}{3} = 311.11 \text{元}$

(2) 预测虹光公司 7 月份的销售额：

预计 7 月份的销售金额 $= \sum x_i \cdot W_i + b$

$= [(24,000 \times 0.01) + (23,600 \times 0.04) + (28,000 \times 0.08)$

$\quad + (25,400 \times 0.12) + (26,000 \times 0.25) + (27,000 \times 0.5)]$

$\quad + 311.11 = 26,783.11 \text{元}$

3. 采用指数平滑法进行预测：

预计7月份的销售金额 $= \alpha A + (1-\alpha)F$
$= (0.6 \times 27,000) + (1-0.6) \times 27,900 = 27,360$ 元

4. 采用回归分析法进行预测:

(1) 根据1~6月份的实际资料,编制如下计算表:

月 份	间隔期(x)	销售金额(y)	xy	x^2
1	−5	24,000	−120,000	25
2	−3	23,600	−70,800	9
3	−1	28,000	−28,000	1
4	1	25,400	25,400	1
5	3	26,000	78,000	9
6	5	27,000	125,000	25
n=6	$\sum x=0$	$\sum y=154,000$	$\sum xy=19,600$	$\sum x^2=70$

(2) 根据上表末行数据代入求 a 与 b 的值的公式:

$$a = \frac{\sum y}{n} = \frac{154,000}{6} = 25,666.67 \text{ 元}$$

$$b = \frac{\sum xy}{\sum x^2} = \frac{19,600}{70} = 280 \text{ 元}$$

(3) 根据 y=a+bx 的公式预测7月份的销售额:

∵ 7月份的 x 值 = 5+2 = 7

∴ 预计7月份的销售额 (y) = a+bx = 25,666.67 + (280×7)
= 27,626.67 元

习题解答十二

1. 采用移动加权平均法:

(1) 先求平均每月销售变动趋势值 b:

∵ 第三季度实际平均销售量 $= \frac{65+68+70}{3} = 67.67$ 吨

第四季度实际平均销售量 $= \frac{75+80+90}{3} = 81.67$ 吨

$$\therefore b = \frac{81.67 - 67.67}{3} = 4.67 \text{ 吨}$$

(2) 预测青岛啤酒厂明年 1 月的销售量:

预计 1 月份的销售量 $= \sum x_i \cdot W_i + b$

$= [(65 \times 0.01) + (68 \times 0.04) + (70 \times 0.08) + (75 \times 0.12)$
$\quad + (80 \times 0.25) + (90 \times 0.5)] + 4.67$

$= 82.97 + 4.67 = 87.64$ 吨

2. 采用回归分析法:

(1) 根据青岛啤酒厂今年后 6 个月的实际资料,编制计算表:

月 份	间隔期(x)	销售量(y)	xy	x^2
7	−5	65	−325	25
8	−3	68	−204	9
9	−1	70	−70	1
10	1	75	75	1
11	3	80	240	9
12	5	90	450	25
n=6	$\sum x = 0$	$\sum y = 448$	$\sum xy = 166$	$x^2 = 70$

(2) 根据上表末行有关数据代入求 a 和 b 的值的公式:

$$a = \frac{\sum y}{n} = \frac{448}{6} = 74.67$$

$$b = \frac{\sum xy}{x^2} = \frac{166}{70} = 2.37$$

(3) 根据 y=a+bx 的公式,预测明年 1 月的销售量:

∵ 明年 1 月份的 x 值 = 5+2 = 7

∴ 预计明年 1 月的销售量 (y) = a+bx = 74.67 + (2.37×7)

$= 74.67 + 16.59 = 91.26$ 吨

习题解答十三

(1) 将给定的历史资料进行加工处理,并编制计算表:

年度	间隔期(x)	销售额(y)百万元	xy	x^2	x^2y	x^4
1991	−5	24	−120	25	600	625
1992	−3	48	−144	9	432	81
1993	−1	36	−36	1	36	1
1994	1	80	80	1	80	1
1995	3	76	228	9	684	81
1996	5	128	640	25	3,200	625
n=6	$\sum x=0$	$\sum y=392$	$\sum xy=648$	$\sum x^2=70$	$\sum x^2y=5,032$	$\sum x^4=1.414$

(2) 将上表末行有关数据代入公式,分别求 a、b、c 的值:

$$a = \frac{\sum x^4 \cdot \sum y - \sum x^2 \cdot \sum x^2y}{n\sum x^4 - (\sum x^2)^2} = \frac{(1,414 \times 392)-(70 \times 5,032)}{(6 \times 1,414)-70^2}$$

$$= \frac{554,288-352,240}{8,484-4,900} = \frac{202,048}{3,584} = 56.38$$

$$b = \frac{\sum xy}{\sum x^2} = \frac{648}{70} = 9.26$$

$$c = \frac{n\sum x^2y - \sum x^2 \cdot \sum y}{n\sum x^4 - (\sum x^2)^2} = \frac{(6 \times 5,032)-(70 \times 392)}{(6 \times 1,414)-70^2}$$

$$= \frac{30,192-27,440}{8,484-4,900} = \frac{2,752}{3,584} = 0.77$$

(3) 预测 1997 年组合音响的销售额:

∵ 1997 年的间隔期(x)=5+2=7

∴ 1997 年组合音响的销售预测值 $= a+bx+cx^2$

$$= 56.38+(9.26 \times 7)+(0.77 \times 49)$$

$$= 56.38+64.82+37.73 = 158.39 \text{(百万元)}$$

习题解答十四

(1) 在 $\bar{y}=a+bx$ 公式中,设 y 代表火花塞的销售量,x 代表内燃机的销售量,a 代表原来社会上拥有的内燃机对火花塞的每年需要量,b 代表每销售百万台内燃机对火花塞的需要量。

（2）根据给定资料进行加工计算，并编制如下计算表：

年度	内燃机销售量(x) 百万台	火花塞销售量(y) 百万只	xy	x^2
1991年	2	58	116	4
1992年	2.5	66	165	6.25
1993年	3	69	207	9
1994年	3.5	78	273	12.25
1995年	4	79	316	16
n=5	$\sum x=15$	$\sum y=350$	$\sum xy=1,077$	$\sum x^2=47.5$

（3）根据上表的末行数据代入最小平方的公式，求 b 和 a 的值：

$$b=\frac{n\sum xy-\sum x \cdot \sum y}{n\sum x^2-(\sum x)^2}=\frac{(5\times 1,077)-(15\times 350)}{(5\times 47.5)-15^2}$$

$$=\frac{5,385-5,250}{237.5-225}=\frac{135}{12.5}=10.8$$

$$a=\frac{\sum y-b\cdot \sum x}{n}=\frac{350-(10.8\times 15)}{5}=37.6$$

（4）根据已求出的 a 和 b 的值代入计划期 y=a+bx 的公式：

预计1996年火花塞的销售量 (y)=a+bx=37.6+(10.8×4.5)
=86.2 百万只

习题解答十五

1. 按高低点法进行预测：

（1）根据历史资料，编制如下计算表：

摘　　要	高点(1995年)	低点(1992年)	差额(Δ)
产量(x)	400 台	200 台	Δx=200 台
总成本(y)	388,000 元	240,000 元	Δy=148,000 元

（2）根据上述资料，求 b 的值：

$$b=\frac{\Delta y}{\Delta x}=\frac{148,000}{200}=740 \text{ 元}$$

(3) 将 b 的值代入高点的总成本公式,并移项:

$$a = y_{高} - bx_{高} = 388,000 - (740 \times 400) = 92,000 \text{ 元}$$

(4) 将 a 和 b 的值代入计划年度(1996年)的总成本公式:

预计1996年的产品总成本 $(y) = a + bx_p = 92,000 + (740 \times 450)$

$$= 425,000 \text{ 元}$$

预计1996年的产品单位成本 $(y/x) = \dfrac{425,000}{450} = 944.44 \text{ 元}$

2. 按加权平均法进行预测:

预计1996年的产品总成本 $(y) = \sum a_i W_i + \sum b_i W_i x_p$

$= [(86,000 \times 0.03) + (88,000 \times 0.07) + (90,000$

$\times 0.15) + (89,000 \times 0.25) + (92,000 \times 0.5)]$

$+ [(756 \times 0.03) + (760 \times 0.07) + (750 \times 0.15)$

$+ (725 \times 0.25) + (740 \times 0.5)] \times 450$

$= 423,323.50 \text{(元)}$

预计1996年的产品单位成本 $(y/x) = \dfrac{423,323.50}{450} = 940.72 \text{ 元}$

3. 按回归分析法进行预测:

(1) 根据给定的资料进行加工延伸,并编制如下的计算表:

年度	产量(x)	总成本(y)	xy	x^2
1991	250 台	275,000	68,750,000	62,500
1992	200 台	240,000	48,000,000	40,000
1993	300 台	315,000	94,500,000	90,000
1994	360 台	350,000	126,000,000	129,600
1995	400 台	388,000	155,200,000	160,000
n=5	$\sum x=1,510$	$\sum y=1,568,000$	$\sum xy=492,450,000$	$\sum x^2=482,100$

(2) 将上表末行数据代入有关公式,求 b 和 a 的值:

$$b = \dfrac{n\sum xy - \sum x \cdot \sum y}{n\sum x^2 - (\sum x)^2} = \dfrac{(5 \times 492,450,000) - (1,510 \times 1,568,000)}{(5 \times 482,100) - (1,510)^2}$$

$= 725.23 \text{ 元}$

$$a = \frac{\sum y - b \cdot \sum x}{n} = \frac{1,568,000 - (725.23 \times 1,510)}{5}$$

$$= 94,580.54 \; 元$$

(3) 将 a、b 的值代入总成本公式：

预计 1996 年的产品总成本 $(y) = a + bx_p = 94,580.54 + (725.23 \times 450)$

$$= 420,934.04 \; 元$$

预计 1996 年的单位产品成本 $(y/x) = \frac{420,934.04}{450} = 935.41 \; 元$

习题解答十六

1. 按高低点法进行预测：

(1) 根据历史资料，编制如下计算表：

摘　要	高点(1995 年)	低点(1991 年)	差额
产量(x)	100 台	20 台	$\Delta x = 80$ 台
总成本(y)	$6,000 + (400 \times 100)$ $= 46,000$ 元	$4,000 + (600 \times 20)$ $= 16,000$ 元	$\Delta y = 30,000$ 元

(2) 根据上述资料，求 b 的值：

$$b = \frac{\Delta y}{\Delta x} = \frac{30,000}{80} = 375 \; 元$$

(3) 将 b 的值代入低点的总成本公式，并移项：

$$a = y_{低} - bx_{低} = 16,000 - (375 \times 20) = 8,500 \; 元$$

(4) 将 a 和 b 的值代入计划年度(1996 年)的总成本公式：

预计 1996 年的产品总成本 $(y) = a + bx_p = 8,500 + (375 \times 115)$

$$= 51,625 \; 元$$

预计 1996 年的单位产品成本 $(y/x) = \frac{51,625}{115} = 448.91 \; 元$

2. 按加权平均法进行预测：

预计 1996 年的产品总成本 $(y) = \sum a_i W_i + \sum b_i W_i \cdot x_p$

$$= [(4,000 \times 0.03) + (5,200 \times 0.07) + (5,400$$

$$\times 0.15)+(4,800\times 0.25)+(6,000\times 0.5)]$$
$$+[(600\times 0.03)+(300\times 0.07)+(450\times 0.15)$$
$$+(550\times 0.25)+(400\times 0.5)]\times 115$$
$$=56,554 \text{ 元}$$

预计1996年的单位产品成本 $(y/x)=\dfrac{56,554}{115}=491.77$ 元

3. 按回归分析法进行预测：

(1) 根据给定的资料进行加工延伸，并编制如下计算表：

年度	产量(x)	总成本(y) a+bx	xy	x^2
1991	20 台	4,000+(600×20)=16,000 元	320,000	400
1992	80 台	5,200+(300×80)=29,200 元	2,336,000	6,400
1993	60 台	5,400+(450×60)=32,400 元	1,944,000	3,600
1994	40 台	4,800+(550×40)=26,800 元	1,072,000	1,600
1995	100 台	6,000+(400×100)=46,000 元	4,600,000	10,000
n=5	$\sum x=300$	$\sum y=150,400$	$\sum xy=10,272,000$	$\sum x^2=22,000$

(2) 将上表末行数据代入有关公式，求 b 和 a 的值：

$$b=\dfrac{n\sum xy-\sum x\cdot\sum y}{n\sum x^2-(\sum x)^2}=\dfrac{(5\times 10,272,000)-(300\times 150,400)}{(5\times 22,000)-(300)^2}$$
$$=312 \text{ 元}$$

$$a=\dfrac{\sum y-b\cdot\sum x}{n}=\dfrac{150,400-(312\times 300)}{5}=11,360 \text{ 元}$$

(3) 将 a 和 b 的值代入计划年度（1996年）的总成本公式：

预计1996年的产品总成本 $(y)=a+bx_p=11,360+(312\times 115)=47,240$ 元

预计1996年的单位产品成本 $(y/x)=\dfrac{47,240}{115}=410.78$ 元

习题解答十七

(1) 将1995年度的资产负债表按销售百分比的形式加以反映：

长江公司资产负债表

1995年12月31日

资　　产		权　　益	
1. 现　金	2.35%	1. 应付帐款	11.76%
2. 应收帐款	17.65%	2. 应付税捐	5.88%
3. 存　货	23.53%	3. 长期负债	(不适用)
4. 固定设备(净额)	(不适用)	4. 普遍股股本	(不适用)
5. 长期投资	(不适用)	5. 留存收益	(不适用)
6. 无形资产	(不适用)		
$\frac{A}{S_0}$总计	43.53%	$\frac{L}{S_0}$总计	17.64%

上表中 $\frac{A}{S_0}-\frac{L}{S_0}=43.53\%-17.64\%=25.89\%$，即表示每增加100元的销售额，需追加资金25.89元。

(2) 将以上给定的有关数据代入下述公式：

$$\begin{aligned}\text{预计1996年}\atop\text{需追加资金}&=\left(\frac{A}{S_0}-\frac{L}{S_0}\right)(S_1-S_0)-\text{Dep}_1-S_1R_0(1-d_1)+M_1\\&=(45.53\%-17.64\%)\times(1,000,000-850,000)-60,000\\&\quad\times(1-70\%)-1,000,000\times\frac{42,500}{850,000}\times\left(1-\frac{17,000}{42,500}\right)\\&\quad+25,000=15,835\text{ 元}\end{aligned}$$

习题解答十八

采用回归分析原理来预测计划年度需要的资金总量：

(1) 根据给定的资料进行加工延伸，并编制如下计算表：

年　度	销售收入总额(x)(千元)	资金总量(y)(千元)	xy	x^2
1991	792	500	396,000	627,264
1992	860	540	464,400	739,600
1993	840	520	436,800	705,600
1994	890	550	489,500	792,100
1995	1,000	580	580,000	1,000,000
n=5	$\sum x=4,382$	$\sum y=2,690$	$\sum xy=2,366,700$	$\sum x^2=3,864,564$

(2) 将上表末行数据代入公式,分别求出 b 和 a 的值:

$$b = \frac{n\sum xy - \sum x \cdot \sum y}{n\sum x^2 - (\sum x)^2} = \frac{(5 \times 2,366,700) - (4,382 \times 2,690)}{(5 \times 3,864,564) - (4,382)^2}$$

$$= \frac{11,833,500 - 11,787,580}{19,322,820 - 19,201,924} = \frac{45,920}{120,896} = 0.40 \text{ 千元}$$

$$a = \frac{\sum y - b \cdot \sum x}{n} = \frac{2,690 - (0.40 \times 4,382)}{5} = 187.44 \text{ 千元}$$

(3) 将 a 和 b 的值代入计划期,求资金总量的公式:

预计1996年需要资金总量 $(y) = a + bx_p = 187.44 + (0.40 \times 1,160)$

$$= 651.44 \text{ 千元}$$

(4) 结论:从以上计算结果表明,为了实现计划年度 1,160 千元的销售收入,总共需要资金 651.44 千元。现利民公司已拥有资金总量 600 千元,那么计划年度利民公司需追加资金 51.44 千元(651.44-600)。

四、短期经营决策

习题解答一

由于通源公司是利用现有的生产能力来开发新产品,不增加专用设备,故固定成本在决策分析中属于无关成本,无需加以考虑。可先根据给定的资料编制贡献毛益分析表：

摘　　要	老产品甲	新产品 A	新产品 B
生产量	6,000 件	2,000 件	2,500 件
销售单价	60 元	80 元	73 元
单位变动成本	40 元	56 元	51 元
单位贡献毛益	20 元	24 元	22 元
贡献毛益总额	120,000 元	48,000 元	55,000 元

从以上计算的结果来看,似乎开发新产品 B 比开发新产品 A 可多获得贡献毛益 7,000 元(55,000−48,000)。但是开发新产品是以老产品减产为条件的,如果结合这个因素来考虑,其情况则如下表所示：

摘　　要	新产品 A	新产品 B
贡献毛益总额	48,000 元	55,000 元
减:老产品甲减产损失	$\left(120{,}000 \times \dfrac{1}{3}\right)=40{,}000$ 元	$\left(120{,}000 \times \dfrac{2}{5}\right)=48{,}000$ 元
剩余贡献毛益总额	8,000 元	7,000 元

结论:根据以上分析可见,开发新产品 A 比开发新产品 B 可获得较多的经济效益(8,000−7,000=1,000 元),故通源公司应开发新产品 A。

习题解答二

1. 由于大明机器厂是利用剩余生产能力接受 100 台订货,固定成本一般不变,在决策分析中属于无关成本,故只需对方出价略高于产品的单位变动成本,即可接受。现根据给定的资料,编制贡献毛益分析表如下:

摘　　要	龙门刨床
订货量(x)	100 台
对方开价(p)	15,800 元
单位变动成本(b)	15,000 元
单位贡献毛益(cm)	800 元
贡献毛益总额(Tcm)	80,000 元

根据以上计算结果,可知大明机器厂接受外地客户 100 台订货,可获得贡献毛益 80,000 元,因此这笔订货是可以接受的。

2. 若外地客户订货 110 台,就需减少正常销售量的 10 台。因而能否接受该项订货,需视订货的销售收入能否补偿减少正常销售量 10 台所损失的贡献毛益总额。现另编贡献毛益分析表如下:

摘　　要	龙门刨床
订货量(x)	110 台
对方开价(p)	15,800 元
单位变动成本(b)	15,000 元
单位贡献毛益(cm)	800 元
贡献毛益总额(Tcm)	88,000 元
减:补偿正常销售 10 台所丧失的 Tcm=(24,000−15,000)×10	90,000 元
净损失	(2,000 元)

根据以上计算结果可见,大明机器厂如接受 110 台的订货业务,会使该厂亏损 2,000 元,因而该项订货是不能接受的。

习 题 解 答 三

(1) 根据给定的简明职能式收益表的资料,已知:

p=100 元/盒;x=5,000 盒

b=40 美元

变动制造成本(bx)=40×5,000=200,000 美元

固定制造成本(a)＝400,000－200,000＝200,000 美元

变动推销及管理成本＝10×5,000＝50,000 美元

固定推销及管理成本＝110,000－50,000＝60,000 美元

(2) 如祥云公司接受古巴排协的 1,000 盒订货,其销售收入与成本的增长资料如下:

销售收入将增加:78×1,000＝78,000 美元

变动制造成本将增加:40×1,000＝40,000 美元

变动推销及管理成本(不变)

固定制造成本　　(不变)

固定推销及管理成本将增加:5,000 美元

(3) 根据(1)、(2)两部分的资料加以汇总,可编制决策分析计算表:

单位:美元

项　　目	拒绝接受订货	接受订货		差　量
销售收入	500,000	(＋78,000)	578,000	＋78,000
变动成本:				
变动制造成本	200,000	(＋40,000)	240,000	＋40,000
变动推销及管理成本	50,000		50,000	0
小　计	250,000		290,000	＋40,000
贡献毛益总额:	250,000		288,000	＋38,000
减:期间成本:				
固定制造成本	200,000		200,000	0
固定推销及管理成本	60,000	(＋5,000)	65,000	＋5,000
小　计	260,000		265,000	＋5,000
税前净利	(10,000)		23,000	＋33,000

(4) 结论:从以上决策分析表的资料表明:祥云公司如接受古巴排协的 1,000 盒订货,可使该公司从原来的亏损 10,000 美元转变为盈利 23,000 美元,净增 33,000 美元。故接受订货的方案是可行的。

习 题 解 答 四

根据给定的资料,对 A、B、C 三种联产品分别进行差量分析如下:

(1) A 联产品:

差量收入＝加工(48×800)－不加工(26×800)＝17,600 元
差量成本＝加工(13,600)－不加工(0)　　　＝13,600 元
差量利润＝17,600－13,600　　　　　　　　＝ 4,000 元

(2) B 联产品：

差量收入＝加工(490×400)－不加工(380×400)＝44,000 元
差量成本＝加工(36,000)－不加工(0)　　　＝36,000 元
差量利润＝44,000－36,000　　　　　　　　＝ 8,000 元

(3) C 联产品：

差量收入＝加工(25×200)－不加工(18×200)＝1,400 元
差量成本＝加工(2,000)－不加工(0)　　　　＝2,000 元
差量损失＝1,400－2,000　　　　　　　　　＝(600)元

结论：根据以上差量分析的结果可知，A、B 两种联产品加工后出售有利；C 联产品则以分离后立即出售有利。

习 题 解 答 五

根据给定的资料，对南京炼油厂的煤油裂化加工方案进行差量分析，并编制如下计算表：

单位：元

摘　　要	金	额
对煤油进行裂化加工的销售收入：		
汽油(3.80×50,000×86%)	163,400	
柴油(1.90×50,000×6%)	5,760	
销售收入合计		169,100
对煤油进行裂化加工的追加成本：		
加工费(1.10×50,000)	55,000	
放弃出售煤油的机会成本(2.20×50,000)	110,000	
追加成本合计		165,000
对煤油进行裂化加工的差量收益		4,100

结论：根据以上计算的结果可见，南京炼油厂以不直接出售煤油，而改为

对煤油进行裂化加工后再出售汽油与柴油的方案较好。因为这样,可使南京炼油厂获得较多的经济效益(4,100元)。

习 题 解 答 六

次品是否需要进一步加工的决策,可采用差量分析法进行选优。但应注意的是叶片的单位产品制造成本(1元)以及推销及管理成本(1元),不论叶片是正品还是次品都是相同的,因而在决策分析中属于无关成本,不必考虑。

(1) 先计算计划年度风扇叶片的次品数量:

叶片次品数量＝生产量×次品率
$$= 200,000 \times 10\% = 20,000 \text{ 片}$$

(2) 进行差量分析:

差量收入＝加工$(10 \times 20,000)$－不加工$(3 \times 20,000)$　　　＝140,000元
差量成本＝加工$(1.60+0.90+0.80) \times 20,000$－不加工$(0)$＝ 66,000元

差量利润＝140,000－66,000　　　　　　　　　　　　　　＝ 74,000元

结论:从以上分析的结果,可见叶片次品以加工后按正品10元出售的方案,比不加工按次品每片3元价出售的方案有利,因为前者可使长城公司多获净利74,000元。

习 题 解 答 七

1. 由于北京机床厂的生产设备除自制零件外,别无其他用途,故不会发生机会成本。现根据给定的资料进行差量分析如下:

差量成本:

　　外购方案的预期成本＝$25 \times 6,400$　　　　　　＝160,000元
　　自制方案的预期成本＝$(9+7+4+3) \times 6,400$＝147,200元

　　外购－自制的差量成本　　　　　　　　　　＝ 12,800元

根据以上计算的结果,可见北京机床厂不应向台商购入该项零件,因自制方案比外购方案可节约成本12,800元。

2. 由于北京机床厂的生产设备除自制零件外,也可用来生产另一新产品,并可每年创造贡献毛益15,800元,若放弃外购方案,即构成自制方案的机会成本。现根据已知的数据进行差量分析如下:

　　外购方案的预期成本＝$25 \times 6,400$＝160,000元

自制方案的预期成本：
变动成本及专属成本＝23×6,400＝147,200 元
机会成本＝ 15,800 元
小　　计 163,000 元

外购－自制的差量成本　　　　（3,000）元

根据以上计算的结果，可见在这种情况下北京机床厂应向台商购入该项零件，因为外购方案比自制方案可节约成本 3,000 元。

习 题 解 答 八

配料是自制还是外购的决策可采用差量分析法：

(1) 由于锦州化工厂有剩余生产能力可以自制，故固定制造费用在决策分析中属于无关成本，可不予考虑。另外，若该厂不自制，其剩余生产能力可制造另一产品，并每年带来贡献毛益 40,000 元，因而就成为自制方案的机会成本，必须加以考虑。

(2) 现根据给定的资料进行差量分析如下：
外购方案的预期成本：(4.25＋0.40)×180,000　　＝837,000 元
自制方案的预期成本：
变动成本总额＝600,000＋100,000＋60,000＝760,000 元
机会成本 ＝ 40,000 元
小　　计 ＝800,000 元

外购－自制的差量成本　　　　 ＝ 37,000 元

结论：根据以上计算的结果，可见锦州化工厂应选用自制配料的方案为宜，因为自制方案比外购方案可节约成本 37,000 元。

习 题 解 答 九

零部件是自制还是外购的决策分析，通常均可采用差量分析法：

(1) 若金工车间不自制可获得租金收入，这属于自制方案的机会成本，必须加以考虑。另外，因自制是利用剩余生产能力，故固定制造费用在决策分析中属于无关成本，可不予考虑。

现根据给定的资料进行差量分析如下：

外购方案的预期成本：15×20,000　　　　　=300,000 元
自制方案的预期成本：
　　变动成本总额=(6+5+3)×20,000=280,000 元
　　机会成本=2,100×12　　　　　=　25,200 元
　　　小　　计　　　　　　　　　=305,200 元
外购－自制的差量成本　　　　　　=(5,200)元

结论：根据以上计算的结果，可见英韬公司对于油嘴宜选外购方案为宜，因为外购方案比自制方案可节约成本 5,200 元。

(2) 若金工车间自制，需购置一台专用设备，每年需支付专属固定成本，这在自制方案中属于相关成本，必须加以考虑。

现根据给定的资料进行差量分析如下：

外购方案的预期成本：15×20,000　　　　　=300,000 元
自制方案的预期成本：
　　变动成本总额=(6+5+3)×20,000=280,000 元
　　专属固定成本=　　　　　　　　=　18,000 元
　　　小　　计　　　　　　　　　=298,000 元
外购－自制的差量成本　　　　　　=　2,000 元

结论：从以上计算的结果，可见英韬公司在这种情况下对于油嘴宜选用自制方案为宜，因自制方案较外购方案可节约成本 2,000 元。

习 题 解 答 十

(1) 先求零件在 800 件以内的成本平衡点：
设 x_1 为零件在 800 件以内的成本平衡点
　∵　自制的预期成本$(y_1)=a_1+b_1x_1=1,000+8x_1$
　　　外购的预期成本$(y_2)=a_2+b_2x_1=0+10x_1=10x_1$
　　　$\Delta y=y_1-y_2=1,000+8x_1-10x_1=1,000-2x_1$
　令　$\Delta y=0$，求成本平衡点 x_1 的值：
$$1,000-2x_1=0$$
$$2x_1=1,000 \quad \therefore \quad x_1=500 \text{ 件}$$
若 $x_1<500$ 件，则 $\Delta y>0$，∴ $y_1>y_2$（外购较优）

若 $x_1 > 500$ 件,则 $\Delta y < 0$,∴ $y_1 < y_2$(自制较优)

若 $x_1 = 500$ 件,则 $\Delta y = 0$,∴ $y_1 = y_2$(自制、外购均可)

(2) 再求 800 件以上的成本平衡点:

设 x_2 为零件在 800 件以上的成本平衡点

∵ 自制的预期成本$(y_1) = a_1 + b_1 x_2 = 1,000 + 8 x_2$

外购的预期成本$(y_2) = a_2 + b_2 x_2 = 0 + 9 x_2 = 9 x_2$

$\Delta y = y_1 - y = 1,000 + 8 x_2 - 9 x_2 = 1,000 - x_2$

令 $\Delta y = 0$,求成本平衡点 x_2 的值:

$$1,000 - x_2 = 0$$

$$\therefore \quad x_2 = 1,000$$

若 $x_2 < 1,000$ 件,则 $\Delta y > 0$,∴ $y_1 > y_2$(外购较优)

若 $x_2 > 1,000$ 件,则 $\Delta y < 0$,∴ $y_1 < y_2$(自制较优)

若 $x_2 = 1,000$ 件,则 $\Delta y = 0$,∴ $y_1 = y_2$(自制、外购均可)

(3) 结论:综上所述可见,当零件的全年需要量在 500 件以内时,以外购方案较优;500~800 件之间,以自制方案为宜;800 件以上、1,000 件以内时又以外购方案较佳;超过 1,000 件时,则应该自制。若零件需要量正好是 500 或 1,000 件整数时,自制与外购的预期成本相同,故两方案均属可行。

习题解答十一

1. 根据给定的传统式收益表的资料,编制贡献式收益表如下:

单位:元

项　目	甲产品	乙产品	丙产品	合　计
销售收入	4,000	6,000	8,000	18,000
变动成本:				
变动生产成本	2,400	2,100	2,800	7,300
变动推销及管理成本	600	900	1,200	2,700
变动成本小计	3,000	3,000	4,000	10,000
贡献毛益总额	1,000	3,000	4,000	8,000
减:期间成本	1,500	1,600	2,400	5,500
税前净利	(500)	1,400	1,600	2,500

从以上贡献式收益表的资料可见,丽新公司的甲产品按照传统方式计算是亏损的;但根据贡献方式计算,还能为公司创造贡献毛益 1,000 元,能为公司抵补固定成本作出一定贡献。若甲产品停止生产,则将失去贡献毛益 1,000元,而固定成本总额 5,500 元则不能减少,可以预见丽新公司的税前净利将从原来的 2,500 元降至 1,500 元。因此,甲产品不应停产。

2. 若甲产品停产后,把腾出来的生产设备租给他厂,使丽新公司每年获得租金净收入 1,800 元,此金额比甲产品原来提供的贡献毛益 1,000 元多 800元。在这样情况下,该公司就应选择停产出租的方案。

习题解答十二

由于无敌型烤肉架的生产线尽管亏损 10,000 元,但还能为麦克公司提供贡献毛益 40,000 元,为抵补固定成本作出一定贡献。若无敌型烤肉架停止生产,则将失去贡献毛益 40,000 元,而固定成本 160,000 元是不能减少的,在这样情况下,必然会造成麦克公司的税前净利从原来的 20,000 元,转变为亏损20,000 元。故麦克公司不应停止无敌型烤肉架的生产。

现将上述分析情况,填入下表以供证明:

单位:元

项 目	保留无敌型	停止无敌型	差 量
销售收入总额	640,000	440,000	−200,000
变动成本总额	460,000	300,000	−160,000
贡献毛益总额	180,000	140,000	−40,000
固定成本总额	160,000	160,000	0
税前净利	20,000	(20,000)	−40,000

习题解答十三

先求两种不同设备的保本量:
设采用半自动化设备的保本量为 $BE(x_1)$

$$BE(x_1)=\frac{a_1}{p-b_1}=\frac{200,000}{36-16}=10,000 \text{ 件}$$

设采用全自动化设备的保本量为 $BE(x_2)$

$$BE(x_2) = \frac{a_2}{p-b_2} = \frac{200,000 \times (1+50\%)}{36-11} = 12,000 \text{ 件}$$

把以上两个保本量用保本图反映如下:

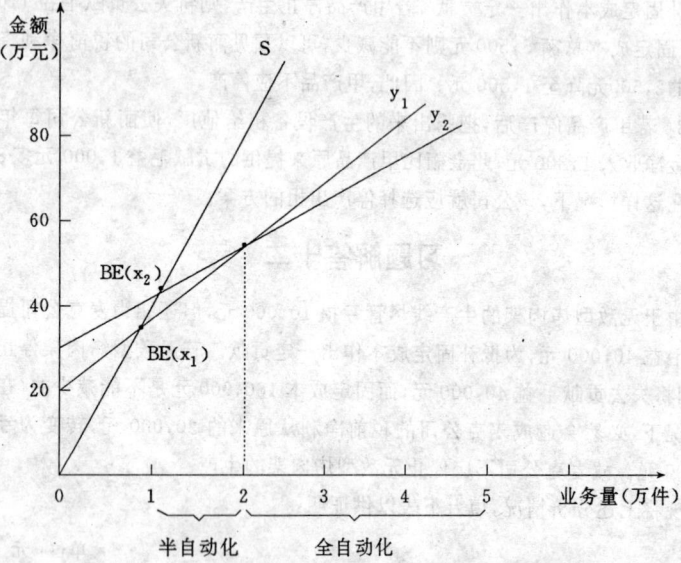

保本图中 S 代表总收入线,y_1 代表半自动化设备的总成本线,y_2 代表全自动化设备的总成本线。y_1 与 S 相交之点为 $BE(x_1)$,即半自动化设备的保本点(保本量为 10,000 件);y_2 与 S 相交之点为 $BE(x_2)$,即全自动化设备的保本点(保本量为 12,000 件)。

结论:从保本图的数据可以清楚地看出:当业务量在 10,000~20,000 件之间,由于 $y_1 < y_2$,故仍以采用半自动化设备较为经济;但当业务量超过 20,000 件,直至最大生产能量 50,000 件[40,000×(1+25%)]时,由于 $y_1 > y_2$,故以采用全自动化设备为宜。

习题解答十四

先计算甲产品 10 万件采用手工操作的加工成本:

加工成本总额 = 直接人工 + 间接人工 + 动力费 + 折旧费 + 维修费
= 80,000 + 10,000 + 8,000 + 16,000 + 6,000
= 120,000 元

$$单位产品的加工成本 = \frac{120,000}{100,000} = 1.20 \text{元}$$

再计算甲产品 100,000 件采用机械化操作的加工成本:

$$直接人工 = 80,000 \times \left(1 - \frac{3}{4}\right) = 20,000 \text{元}$$

$$间接人工 = 10,000 \times (1 + 50\%) = 15,000 \text{元}$$

$$动\ 力\ 费 = 8,000 \times (1 + 60\%) = 12,800 \text{元}$$

$$折\ 旧\ 费 = 16,000 \times (1 + 60\%) = 25,600 \text{元}$$

$$维\ 修\ 费 = 6,000 \times (1 + 60\%) = \underline{\ 9,600 \text{元}}$$

$$加工成本总额 \qquad\qquad\qquad = 83,000 \text{元}$$

结论:将以上计算结果进行比较,可以清楚地看出:即使计划年度对甲产品的市场需求量只有 10 万件,但采用机械化生产的加工成本总额比手工操作的加工成本要低 37,000 元(120,000−83,000),故茂新工厂生产甲产品以采用机械化生产为宜。

习题解答十五

从给定资料的表面情况来看,甲产品比乙、丙两种产品能提供较多的利润,似以生产甲产品为宜。但必须注意,生产三种产品所需要的机器小时各不相同。为了充分利用剩余的 15% 的生产能力,应对每一机器小时用于生产不同产品所能创造的贡献毛益加以分析,才能得出正确结论。故应编制如下的贡献毛益分析表:

摘　　要	甲产品	乙产品	丙产品
销售单价	42.60 元	48.20 元	25.30 元
单位变动成本	21.00	34.60	18.20
单位贡献毛益	21.60 元	13.60 元	7.10 元
单位产品所需定额机器小时	$\frac{10.80}{1.80}=6$ 机器小时	$\frac{3.60}{1.80}=2$ 机器小时	$\frac{1.80}{1.80}=1$ 机器小时
每个机器小时能创造的贡献毛益	$\frac{21.60}{6}=3.60$ 元	$\frac{13.60}{2}=6.80$ 元	$\frac{7.10}{1}=7.10$ 元

结论:从上表计算的结果可见,每机器小时用于生产丙产品能创造较多的

贡献毛益,故连庆工厂应把剩余的15%生产能力,用于制造丙产品为宜。

习题解答十六

计算甲零件的最优生产批量:

$$\text{最优生产批量}(OPQ)=\sqrt{\frac{2AS}{C\left(1-\frac{d}{P}\right)}}=\sqrt{\frac{2\times1,600\times50}{2\times\left(1-\frac{5}{10}\right)}}$$

$$=\sqrt{160,000}=400 \text{ 个}$$

计算甲零件的最优生产批数:

$$\text{最优生产批数}=\frac{A}{OPQ}=\frac{1,600}{400}=4(\text{批})$$

$$\text{或}\quad=\sqrt{\frac{AC\left(1-\frac{d}{P}\right)}{2S}}=\sqrt{\frac{1,600\times2\times\left(1-\frac{5}{10}\right)}{2\times50}}$$

$$\sqrt{\frac{1,600}{100}}=4 \text{ 批}$$

计算最低的全年总成本:

$$\text{最低全年总成本}(T)=\sqrt{2ASC\left(1-\frac{d}{P}\right)}=\sqrt{2\times1,600\times50\times2\times\left(1-\frac{5}{10}\right)}$$

$$=\sqrt{160,000}=400 \text{ 元}$$

习题解答十七

1. 确定甲、乙两种零件的最优生产批量。

∵ 甲、乙两种零件共同最优生产批数 $=\sqrt{\frac{\sum A_iC_i}{2\sum S_i}}$

$$=\sqrt{\frac{\left[36,000\times3\times\left(1-\frac{100}{300}\right)\right]+\left[72,000\times2\times\left(1-\frac{200}{400}\right)\right]}{2\times(200+300)}}$$

$$=12 \text{ 批}$$

∴ 甲零件的最优生产批量 $=\frac{\text{甲零件全年需要量}}{\text{共同最优生产批数}}=\frac{36,000}{12}=3,000$ 个

乙零件的最优生产批量 $=\frac{\text{乙零件全年需要量}}{\text{共同最优生产批数}}=\frac{72,000}{12}=6,000$ 个

2. 确定只生产甲零件一种情况下的 OPQ。

(1) 甲零件的最优生产批量 $(Q) = \sqrt{\dfrac{2AS}{C\left(1-\dfrac{d}{P}\right)}} = \sqrt{\dfrac{2\times 36,000\times 200}{3\times\left(1-\dfrac{100}{300}\right)}}$

$= 2,683$ 个

(2) 甲零件的最优生产批数 $= \dfrac{A}{Q} = \dfrac{36,000}{2,683} = 13.4$ 批

或 $= \sqrt{\dfrac{AC\left(1-\dfrac{d}{P}\right)}{2S}} = \sqrt{\dfrac{36,000\times 3\times\left(1-\dfrac{100}{300}\right)}{2\times 200}}$

$= 13.4$ 批

(3) 甲零件 OPQ 的全年总成本 $(T) = \sqrt{2ASC\left(1-\dfrac{d}{P}\right)}$

$= \sqrt{2\times 36,000\times 200\times 3\times\left(1-\dfrac{100}{300}\right)}$

$= 5,366.56$ 元

习题解答十八

1. 列出泰辰公司的目标函数与约束条件的方程式：

设甲产品的产量为 x 件,乙产品的产量为 y 件。

∵ 甲产品的 cm＝p－b＝45－35＝10 元

乙产品的 cm＝p－b＝15－9＝6 元

∴ 目标函数的方程式为：

$$\text{MaxS} = 10x + 6y$$

约束条件的方程式为：

$$\begin{cases} 4x+y \leqslant 4,500 \\ 2x+3y \leqslant 7,500 \\ \quad\quad x \leqslant 1,000 \\ \quad\quad y \leqslant 2,500 \end{cases}$$

2. 最优组合的计算：

∵ $\begin{cases} 4x+y=4,500 \\ 2x+3y=7,500 \end{cases}$ (1)
    (2)

(2)×2, $4x+6y=15,000$ (3)

(3)－(1), $5y=10,500$ ∴ $y=2,100$ (4)

(4)代入(1)，　　　　$4x+2,100=4,500$

　　　　　　　　　　$4x=2,400$　∴　$x=600$ 件　　　　　　　　　(5)

(4)、(5)代入目标函数的方程式：

　　　　MaxS=$10x+6y=(10×600)+(6×2,100)=18,600$ 元

结论：从以上计算的结果可见，泰辰公司生产的最优组合应为甲产品600件，乙产品2,100件，可使公司的贡献毛益总额最大，达到18,600元。

习题解答十九

1. 列出静安公司购进铝料的目标函数和约束条件的方程式：

设向甲回收站购入废铝料 x 千克；向乙回收站购入废铝料 y 千克。

目标函数的方程式为：

$$MinS = 0.25x + 0.12y$$

约束条件的方程式为：

$$\begin{cases} 0.8x + 0.3y \geq 1,200 \\ 0.2x + 0.15y \leq 480 \\ x + y \geq 2,500 \end{cases}$$

2. 最优组合的计算：

　　　　　　∵　$\begin{cases} 0.8x+0.3y \geq 1,200 \\ x+y \geq 2,500 \end{cases}$　　　　　　(1)
　　　　　　　　　　　　　　　　　　　　　　　　　(2)

(2)×0.3，　　　$0.3x+0.3y=750$　　　　　　　　　　(3)

(1)-(3)，　　　$0.5x=450$　∴　$y=900$ 千克　　　　(4)

(4)代入(2)，　$900+y=2,500$　∴　$y=1,600$ 千克　　(5)

(4)、(5)代入目标函数的方程式：

　　MinS $= 0.25x+0.12y=(0.25×900)+(0.12×1,600)$
　　　　$=417$(元)

结论：从以上计算的结果表明：静安公司应向甲回收站购入900千克，向乙回收站购入1,600千克，可使该公司的转售成本最低为417元。

习题解答二十

根据给定的资料，先编制贡献毛益分析表，并确定哪种产品能提供较多的贡献毛益。

摘　　要	甲产品	乙产品
销售单价(p)	20 元	14 元
单位变动成本(b)	12	10
单位贡献毛益(cm)	8 元	4 元
单位产品所需定额工时	20 工时	5 工时
单位定额工时创造的贡献毛益	$\frac{8}{20}=0.40$ 元	$\frac{4}{5}=0.80$ 元

从以上计算的结果可见,尽管甲产品的单位贡献毛益超过乙产品一倍,但从定额工时创造的贡献毛益来说,乙产品却高出甲产品一倍。因此,应优先安排生产乙产品。而乙产品在市场上的最大容纳量为 15,000 件,因而剩余的生产能力 $=100,000-(5\times 15,000)=25,000$ 工时,就需安排甲产品生产 $25,000\div 20=1,250$ 件。

结论:晨光机器厂为了使 100,000 工时能获得最大经济效益,应安排甲产品生产 1,250 件,乙产品生产 15,000 件。这样,可使晨光机器厂获得贡献毛益总额 $(Tcm)=(3\times 1,250)+(4\times 15,000)=70,000$ 元。

习题解答二十一

先计算两种产品单位工时能创造的贡献毛益:

摘　　要	便 携 式	台 式
每台需要工时	2 工时	10 工时
销售单价	400 元	500 元
单位变动成本	320 元	300 元
单位贡献毛益	80 元	200 元
单位工时创造的贡献毛益	$\frac{80}{2}=40$ 元	$\frac{200}{10}=20$ 元

从上表列示的数据可以看出:尽管便携式的单位贡献毛益大大低于台式,但是由于它们每台所需工时的不同,致使便携式的单位工时能创造的贡献毛

益比台式的要高两倍。因此索尼公司计划期间的最大生产能力 250,000 工时应优先安排便携式收音机的生产,剩余下来的再安排台式的。

再计算计划期生产能力 250,000 工时能生产两种产品的最大产量:

$$\text{生产便携式的最大产量} = \frac{250,000}{2} = 125,000 \text{ 台}$$

$$\text{生产台式的最大产量} = \frac{250,000}{10} = 25,000 \text{ 台}$$

由于计划期便携式在市场上的最大销售量为 100,000 台。故索尼公司应首先满足这 100,000 台的要求。生产便携式 100,000 台后,该公司的剩余生产能力还有:$250,000 - (2 \times 100,000) = 50,000$ 工时,则可安排台式收音机的生产,即 $\frac{50,000}{10} = 5,000$ 台。

结论:根据以上的分析,可知索尼公司在计划期间应生产便携式 100,000 台、台式 5,000 台。这样安排的结果,可使索尼公司获得最大的税前净利:

税前净利 = 两种产品提供的贡献毛益总额 − 固定成本总额
= [(80×100,000)+(200×5,000)] − (1,620,000
+3,580,000) = 9,000,000 − 5,200,000
= 3,800,000 元

习题解答二十二

先按变动成本法编制单位甲产品的变动成本单:

单位:元

成 本 项 目	金 额
直接材料	300,000÷20,000=15
直接人工	200,000÷20,000=10
变动制造费用	100,000÷20,000=5
变动推销及管理费用	66,600÷20,000=3.33
单位产品的变动成本	33.33

由于宏大公司销售部经理希望计划期间甲产品获得的贡献毛益不低于其变动成本的 50%,即要求成本加成为变动成本的 50%。

∴ 甲产品的目标售价＝单位变动成本×(1＋50％)
＝33.33×(1＋50％)＝50元

习题解答二十三

1. 先计算成本加成的％：

$$\text{成本加成}\% = \frac{(\text{投资额}\times\text{预期投资报酬率})+\text{非制造成本总额}}{\text{产品制造成本总额}}$$

$$=\frac{(4,400,000\times15\%)+(244,000+160,000)}{420,000+365,000+345,000+586,000}$$

$$=\frac{1,064,000}{1,716,000}=62\%$$

再按全部成本法编制单位产品成本单：

成 本 项 目	金 额
直接材料	420,000÷10,000＝42(元)
直接人工	365,000÷10,000＝36.50(元)
变动制造费用	345,000÷10,000＝34.50(元)
固定制造费用	586,600÷10,000＝58.60(元)
单位产品的制造成本	171.60(元)

2. 计算目标售价。

目标售价＝单位产品的制造成本×(1＋成本加成％)
＝171.60×(1＋62％)＝278元

习题解答二十四

1. 计算化肥设备系列产品的 n 值：

∵ $\dfrac{P_B}{P_A}=\left(\dfrac{S_B}{S_A}\right)^n$

$\dfrac{5.66}{3.25}=\left(\dfrac{5}{2}\right)^n$

$1.745=(2.5)^n$

$$\log 1.7415 = n\log 2.5$$

$$\therefore n = \frac{\log 1.7415}{\log 2.5} = \frac{0.2409}{0.3979} = 0.61$$

2. 为年产量 10,000 吨的化肥设备订价,选择最相近的年产量 20,000 吨的价格与之对比。

$$\because \frac{P_B}{P_A} = \left(\frac{S_B}{S_A}\right)^n$$

$$\therefore \frac{P_B}{3.25 \text{ 百万元}} = \left(\frac{1}{2}\right)^{0.61}$$

$$P_B = 3.25 \text{ 百万元} \times \left(\frac{1}{2}\right)^{0.61} = 3.25 \text{ 百万元} \times 0.6552$$

$$= 2.1294 \text{ 百万元}$$

习题解答二十五

$$\because \text{保本价格}(p_{BE}) = \frac{a}{x} + b$$

现按给定资料代入上述公式,并编制保本价格报价单:

销售量(x)	100 件	200 件	300 件	400 件	500 件	600 件	700 件	800 件
保本价格	480 元	280 元	213.33元	180 元	160 元	146.67元	137.14元	130 元

习题解答二十六

$$\because \text{保利价格}(p) = \frac{a + TP}{x} + b$$

现根据给定的资料代入上述公式,并编制如下的保利价格报价单:

销售量(x)	1,000 件	2,000 件	3,000 件	4,000 件	5,000 件	6,000 件
保利价格(p)	200 元	100 元	66.67元	50 元	40 元	33.33 元

习题解答二十七

1. 计算该公司经济订货量(EOQ)及每年订货次数(A/Q):

(1) $EOQ = \sqrt{\dfrac{2AP}{C}} = \sqrt{\dfrac{2\times 100,000 \times 75}{0.60}} = 5,000$ 千克

(2) $A/Q = \dfrac{100,000}{5,000} = 20$ 次

2. 计算该公司全年的订货及储存的总成本(T)：

$$T = \sqrt{2APC} = \sqrt{2\times 100,000 \times 75 \times 0.60} = 3,000 \text{ 元}$$

或：∵ 订货总成本 $= P \cdot \dfrac{A}{Q} = 75 \times \dfrac{100,000}{5,000} = 1,500$ 元

　　储存总成本 $= C \cdot \dfrac{Q}{2} = 0.60 \times \dfrac{5,000}{2} = 1,500$ 元

∴ 全年总成本 $= 1,500 + 1,500 = 3,000$ 元

3. 计算该公司的安全存量：

∵ 平均每天正常耗用量 $= 100,000 \div 360 = 278$ 千克

　预计每天最大耗用量 $= 278 \times (1 + 10\%) = 306$ 千克

∴ 安全存量 $= \left(\begin{matrix}\text{预计每天最}\\\text{大耗用量}\end{matrix} - \begin{matrix}\text{平均每天正}\\\text{常耗用量}\end{matrix}\right) \times \begin{matrix}\text{订货提}\\\text{前\quad 期}\end{matrix}$

$= (306 - 278) \times 6 = 168$ 千克

4. 计算该公司的"再订货点"：

再订货点 $= \left(\begin{matrix}\text{平均每天正}\\\text{常耗用量}\end{matrix} \times \begin{matrix}\text{订货提}\\\text{前\quad 期}\end{matrix}\right) + \text{安全存量}$

$= (278 \times 6) + 168 = 1,836$ 千克

习题解答二十八

1. 计算经济订货量(EOQ)及订货次数$\left(\dfrac{A}{Q}\right)$：

(1) $EOQ = \sqrt{\dfrac{2AP}{C}} = \sqrt{\dfrac{2\times 8,000 \times 20}{2}} = 400$ 米

(2) $A/Q = \dfrac{8,000}{400} = 20$ 次

2. 若该公司将储存成本降低为每公尺1.50元，则其EOQ应为：

$$EOQ = \sqrt{\dfrac{2AP}{C}} = \sqrt{\dfrac{2\times 8,000 \times 20}{1.50}} = 462 \text{ 米}$$

从以上计算的结果，可见该公司的储存成本若降低为每米1.50元，则应增加订货62米(462－400)，但根据供应商的规定，每次订货量必须是100米的倍数，故实际应增加订货100米。

3. 若该公司将每次订货成本调高为 30 元,则其 EOQ 应为:

$$EOQ=\sqrt{\frac{2AP}{C}}=\sqrt{\frac{2\times 8,000\times 30}{2}}=490 \text{ 米}$$

从以上计算的结果,可见该公司的订货成本若调高为每次 30 元,则应增加订货量 90 米(490－400),但根据供应商的规定,每次订货量必须是 100 米的倍数,故实际增加订货 100 米。

4. 若胜利公司改变过去的惯例,改按 EOQ 采购,计算每年可节约的总成本:

(1) 按原来的惯例采购,计算其全年的总成本:

∵ 订货总成本 $=20\times 2=40$ 元

　　储存总成本 $=4,000\times \frac{1}{2}\times 2=4,000$ 元

∴ 原来的全年订货及储存总成本 $=40+4,000=4,040$ 元

(2) 按 EOQ 采购,计算其全年的总成本:

$$\text{全年总成本}(T)=\sqrt{2APC}=\sqrt{2\times 8,000\times 20\times 2}=800 \text{ 元}$$

(3) 采用 EOQ 后,全年订货及储存总成本的节约额 $=4,040-800=3,240$ 元

习题解答二十九

计算首都汽车配件公司每年售出电瓶的数量:

∵ $EOQ=\sqrt{\frac{2AP}{C}}$

∴ $EOQ^2=\frac{2AP}{C}$

∴ $A=\frac{EOQ^2\cdot C}{2P}=\frac{200^2\times 0.50}{2\times 8}=1,250$ 组

以上计算表明首都汽车配件公司应每年售出电瓶 1,250 组。

计算该公司每年可获得的利润:

∵ $T=\sqrt{2APC}=\sqrt{2\times 1,250\times 8\times 0.5}=100$ 元

∴ 每年可获利润 $=[(210-180)\times 1,250]-100$

$\qquad\qquad\qquad =37,500-100=37,400$ 元

习题解答三十

1. 根据给定的资料,编制如下的预期价值计算分析表:

通化酒厂新产品预期价值计算分析表

销售瓶数	条件价值(贡献毛益总额)	概 率	预期价值
10,000 瓶	(6−3.50)×10,000= 25,000 元	0.1	2,500 元
20,000 瓶	(6−3.50)×20,000= 50,000 元	0.3	15,000 元
30,000 瓶	(6−3.50)×30,000= 75,000 元	0.4	30,000 元
40,000 瓶	(6−3.50)×40,000=100,000 元	0.2	20,000 元
合 计		1.0	67,500 元

2. 从上表所示数据可以看出:通化酒厂全年推销新酒的预期贡献毛益总额为 67,500 元。另外,当该厂全年售出 30,000 瓶时,可获最高的贡献毛益为 30,000 元。

习题解答三十一

根据给定的资料,编制如下的预期价值计算分析表:

天原化工公司预期价值计算分析表

产量方案	条件价值(预期利润)		概 率	预期价值
3 万吨	最乐观	21,000 元	0.3	6,300 元
	最可能	17,000 元	0.6	10,200 元
	最悲观	16,000 元	0.1	1,600 元
	合	计	1.0	18,100 元
5 万吨	最乐观	25,000 元	0.3	7,500 元
	最可能	22,000 元	0.6	13,200 元
	最悲观	15,000 元	0.1	1,500 元
	合	计	1.0	22,200 元
6 万吨	最乐观	30,000 元	0.3	9,000 元
	最可能	18,000 元	0.6	10,800 元
	最悲观	13,000 元	0.1	1,300 元
	合	计	1.0	21,100 元

从以上计算的结果可见:天原化工公司以每年生产 5 万吨的方案最优,可获最多的贡献毛益总额 22,200 元;年产 6 万吨的方案次之,贡献毛益总额为

21,100元；年产3万吨的方案最差,贡献毛益总额只有18,100元。

习题解答三十二

计算甲、乙两种产品的单位贡献毛益(cm)：

　　甲产品的 cm＝p－b＝50－25＝25 元

　　乙产品的 cm＝p－b＝70－34＝36 元

编制甲产品的预期价值计算表：

单位：元

销售量(x)	条件价值(cm·x)	概　率	预期价值(Tcm)
800 件	25×800＝20,000	0.1	2,000
1,000 件	25×1,000＝25,000	0.2	5,000
1,100 件	25×1,100＝27,500	0.3	8,250
1,200 件	25×1,200＝30,000	0.3	9,000
1,500 件	25×1,500＝37,500	0.1	3,750
合　　计		1.0	28,000

编制乙产品的预期价值计算表：

单位：元

销售量(x)	条件价值(cm·x)	概　率	预期价值(Tcm)
600 件	36×600＝21,600	0.1	2,160
800 件	36×800＝28,800	0.2	5,760
1,000 件	36×1,000＝36,000	0.1	3,600
1,100 件	36×1,100＝39,600	0.4	15,840
1,200 件	36×1,200＝43,200	0.2	8,640
合　　计		1.0	36,000

结论：对比甲、乙两产品的预期价值计算表,可以看出：丰盛公司在计划年度应推出乙产品较为有利,因为它能提供贡献毛益总额 36,000 元,较甲产品可多获贡献毛益 8,000 元(36,000－28,000)。

习题解答三十三

1. 采用大中取小法:
(1) 先确定三种不同销售情况的最大收益值:
畅销情况的最大收益值为 820,000 元;
一般情况的最大收益值为 420,000 元;
滞销情况的最大收益值为 340,000 元。
(2) 分别计算不同情况的"后悔值",并编表如下:

单位:万元

后悔值＼销售情况＼产量方案	畅 销	一 般	滞 销	最大后悔值
6,000 台	82−54=28	42−42=0	34−31=3	28
8,000 台	82−70=12	42−40=2	34−34=0	12
10,000 台	82−82=0	42−38=4	34−26=8	8

结论:从上表计算的结果表明:最大后悔值一栏中最小的数值是 8 万元,即以产量 10,000 台的方案最优。

2. 采用折衷决策法(乐观系数为 0.6):
按乐观系数为 0.6,分别计算每个产量方案的预期价值(EV):
6,000 台方案的 EV=(54 万元×0.6)+(31 万元×0.4)=44.8 万元
8,000 台方案的 EV=(70 万元×0.6)+(34 万元×0.4)=55.6 万元
10,000 台方案的 EV=(82 万元×0.6)+(26 万元×0.4)=59.6 万元
从以上计算的结果可知,产量 10,000 台的方案最优,因为它提供的贡献毛益的预期价值最大,为 59.6 万元。

习题解答三十四

1. 采用大中取大法:
由于三个方案的最大收益值均集中在畅销栏,而最大收益值中的最大的是 300 万吨的产量方案,其贡献毛益总额为 500 万元,即以此作为最优方案。

2. 采用大中取小法:
(1) 先就三种不同的销售情况分别确定其最大收益值:

畅销情况的最大收益值为 500 万元；
正常情况的最大收益值为 350 万元；
滞销情况的最大收益值为 200 万元。

(2) 分别计算不同情况的"后悔值"，并编表如下：

单位：万元

后悔值 \ 销售情况 \ 产量方案	畅销	正常	滞销	最大后悔值
300 万吨	500−500=0	350−350=0	200−180=20	20
200 万吨	500−360=140	350−300=50	200−200=0	140
50 吨	500−94=406	350−80=270	200−50=150	406

从以上计算的结果表明：最大"后悔值"一栏中最小的数值是 20 万元，即以产量 300 万吨的方案为最优。

3. 采用小中取大法：

由于三个产量方案中的最小收益值均集中在滞销栏，而最小收益值中最大的是 200 万吨的产量方案，其贡献毛益总额为 200 万元，即以此作为最优方案。

4. 采用赫威兹决策法：

按乐观系数为 0.7 分别计算每个产量方案的预期价值(EV)：

300 万吨方案的 EV＝(500 万元×0.7)＋(180 万元×0.3)＝404 万元

200 万吨方案的 EV＝(360 万元×0.7)＋(200 万元×0.3)＝312 万元

50 万吨方案的 EV＝(94 万元×0.7)＋(50 万元×0.3)＝80.8 万元

从以上计算的结果可知，产量 300 万吨的方案最优，因为它提供的贡献毛益的预期价值最大为 404 万元。

五、长期投资决策

习 题 解 答 一

∵ $S = PV \cdot (1+i)^n = PV \cdot S_{\overline{n}|i}$
　　$= 30,000 \times S_{\overline{6}|14\%}$

查 1 元的终值表,$S_{\overline{6}|14\%} = 2.195$

∴ $S = 30,000 \times 2.195 = 65,850$ 元

从以上计算的结果可见,华都公司 6 年后可向银行取得本息 65,850 元来购买新设备。

习 题 解 答 二

∵ $S = PV \cdot S_{\overline{n}|i}$
　　$348,000 = 125,000 \times S_{\overline{n}|9\%}$

∴ $S_{\overline{n}|9\%} = \dfrac{348,000}{125,000} = 2.784$

查 1 元的终值表,在 9% 这一直栏中,找出与 2.784 相邻近的两个终值系数及其相应的期数,并采用插值法:

期数(n)	终值系数($S_{\overline{n}|9\%}$)
11 年 ⎫	2.580 ⎫
? 年 ⎬ x 年 ⎫ 1 年	2.784 ⎬ 0.204 ⎫ 0.233
12 年 ⎭	2.813 ⎭

$\dfrac{x}{1} = \dfrac{0.204}{0.233}$,　　∴ $x = 0.88$

∴ 需存年数(n) = 11 年 + 0.88 年 = 11.88 年

从以上计算结果表明:科海公司需将 125,000 元存入银行 11.88 年,才能使其本利和达到 348,000 元。

习 题 解 答 三

∵ $S = PV \cdot S_{\overline{n}|i}$

$150,000 = 60,000 \cdot S_{\overline{n}|i}$

∴ $S_{\overline{n}|i} = \dfrac{150,000}{60,000} = 2.500$

查 1 元的终值表,在 8 期这一行中找出与 2.500 相邻近的两个终值系数及其相应的折现率,并采用插值法:

折现率(i)		终值系数($S_{\overline{n}|i}$)	
12%		2.476	
?%　x%	}2%	2.500　}0.024	}0.377
14%		2.853	

$\dfrac{x}{2} = \dfrac{0.024}{0.377}$, ∴ $x = \dfrac{2 \times 0.024}{0.377} = 0.13$

∴ 预期投资报酬率 = 12% + 0.13% = 12.13%

从以上计算的结果表明:威海公司的预期投资报酬率应为 12.13%,才能保证 8 年后得到足够的款项来更新设备。

习 题 解 答 四

∵ $PV = S \cdot PV_{\overline{n}|i} = 250,000 \times PV_{\overline{5}|12\%}$

查 1 元的现值表,$PV_{\overline{5}|12\%} = 0.567$

∴ $PV = 250,000 \times 0.567 = 141,750$ 元

从以上计算的结果表明:红塔公司现在需一次存入银行 141,750 元,才能保证 5 年后有本利和 250,000 元来购置磨床。

习 题 解 答 五

按复利终值的公式计算:

∵ $S = PV(1+i)^n$

∴ $S = 200 \times (1+14\%)^4 + 250 \times (1+14\%)^3 + 300 \times (1+14\%)^1$

　　$= 200 \times 1.689 + 250 \times 1.482 + 300 \times 1.140$

　　$= 337.8 + 370.5 + 342 = 1,050.3$ 万元

采用查表的方法计算:

∵ $S = PV \cdot S_{\overline{n}|i}$

PV	$S_{\overline{n}|14\%}$（查表）	$S = PV \cdot S_{\overline{n}|i}$
200 万元	$S_{\overline{5}|14\%} = 1.689$	337.8 万元
250 万元	$S_{\overline{3}|14\%} = 1.482$	370.5 万元
300 万元	$S_{\overline{1}|14\%} = 1.140$	342 万元
合　　计		1,050.3 万元

结论：从以上计算的结果表明：华西公司工程项目的投资总额为 1,050.3 万元。

习 题 解 答 六

采用查表的方法计算：

∵ $PV = S \cdot PV_{\overline{n}|i}$

年度	S	$PV_{\overline{n}|12\%}$（查表）	$PV = S \cdot PV_{\overline{n}|i}$
0	40,000 元	$PV_{\overline{0}|12\%} = 1$	40,000 元
1	20,000 元	$PV_{\overline{1}|12\%} = 0.893$	17,860 元
2	25,000 元	$PV_{\overline{2}|12\%} = 0.797$	19,925 元
3	25,000 元	$PV_{\overline{3}|12\%} = 0.712$	17,800 元
4	25,000 元	$PV_{\overline{4}|12\%} = 0.636$	15,900 元
5	30,000 元	$PV_{\overline{5}|12\%} = 0.567$	17,010 元
合　　计			128,495 元

从以上计算的结果表明，该项设备的现值为 128,495 元。

习 题 解 答 七

1. 计算该项改扩建工程的总投资额：

∵　$S_A = R \cdot S_{A\overline{n}|i} = 20,000,000 \times S_{A\overline{3}|12\%}$

查 1 元的年金终值表，$S_{A\overline{3}|12\%} = 3.374$

∴　$S_A = 20,000,000 \times 3.374 = 67,480,000$ 元

从以上计算的结果表明鲁南矿业公司连续三年的投资总额为 67,480,000 元。

2. 计算鲁南矿业公司在七年内每年末应等额归还交通银行全部借款本

息的金额：

$$\because PV_A = R \cdot PV_{A\overline{n}|i} = R \cdot PV_{A\overline{7}|12\%}$$

$$\therefore R = \frac{PV_A}{PV_{A\overline{7}|12\%}} = \frac{67,480,000}{4.564} = 14,785,276.07 \text{ 元}$$

从以上计算结果表明：该项工程完工后，鲁南矿业公司若分七年等额归还全部贷款的本息，则每年末应偿还 14,785,276.07 元。

3. 计算鲁南公司以每年的净利与折旧 18,000,000 元偿还借款，需要多少年才能还清全部本息：

$$\because PV_A = R \cdot PV_{A\overline{n}|i} = R \cdot PV_{A\overline{n}|12\%}$$

$$\therefore PV_{A\overline{n}|12\%} = \frac{PV_A}{R} = \frac{67,480,000}{18,000,000} = 3.749$$

查 1 元的年金现值表，在 12% 这一直栏内找出与 3.749 相邻近的两个年金现值系数及其相应的期数，并采用插值法：

期数(n)	年金现值系数($PV_{A\overline{n}|12\%}$)
5 年 ⎫	3.605 ⎫
? 年 ⎬ x 年 ⎬1年	3.749 ⎬ 0.144 ⎬ 0.506
6 年 ⎭	4.111 ⎭

$$\frac{x}{1} = \frac{0.144}{0.506}, \quad \therefore x = 0.28$$

$$\therefore \text{年数}(n) = 5 \text{ 年} + 0.28 \text{ 年} = 5.28 \text{ 年}$$

以上计算结果表明：该公司如每年末用净利与折旧 1,800 万元来归还贷款的全部本息，需要 5.28 年可偿清。

习 题 解 答 八

由于前五年每年末的等额付款金额与后五年等额付款的金额不同，需分开计算，然后加以总计。对于前五年可按年金现值公式进行折现；至于后五年则应先按年金现值公式，折现到第六年年初，然后再按普通复利现值公式折现到第一年初。

前五年技术转让费的年金现值$(PV_A) = R \cdot PV_{A\overline{5}|8\%}$

$$= 30,000 \times 3.993 = 119,790 \text{ 元}$$

后五年技术转让费的现值 $= R \cdot PV_{A\overline{5}|8\%} \cdot PV_{\overline{5}|8\%}$

$$= 20,000 \times 3.993 \times 0.681 = 54,384.66 \text{ 元}$$

把以上两个五年的现值予以加计，即可求得该项专用技术的现值：

∴ 专用技术的现值＝前五年的现值＋后五年的现值
＝119,790＋54,384.66＝174,174.66元

习题解答九

计算 A 项目十年回收投资总额的现值：

由于 A 项目每年回收投资的金额相等，均为 3 万元，故可应用求年金现值的公式：

A 项目回收额的现值$(PV_A)=R \cdot PV_{A\overline{10}|14\%}$
$=30,000 \times 5.216=156,480$ 元

计算 B 项目十年回收投资总额的现值：

由于 B 项目前五年每年回收投资额与后五年的每年回收额不同，需分开计算，然后加总。

前五年的回收额现值可按求年金现值的公式计算；而后五年的回收额应先按求年金现值的公式折现到第六年初；然后再按普通复利现值的公式折现到第一年初。最后再把两者予以加计：

∴ 前五年回收额的现值$(PV_A)=R \cdot PV_{A\overline{5}|14\%}$
$=40,000 \times 3.433=137,320$ 元

后五年回收额的现值$=R \cdot PV_{A\overline{5}|14\%} \cdot PV_{\overline{5}|14\%}$
$=20,000 \times 3.433 \times 0.519=35,634.54$ 元

∴ B 项目回收额的现值＝前五年的现值＋后五年的现值
$=137,320+35,634.54=172,954.54$ 元

结论：从以上计算的结果表明：B 项目回收额的现值比 A 项目回收额的现值要多 16,474.54 元(172,954.54－156,480)，故 B 投资方案较 A 投资方案为优。

习题解答十

∴ 预付年金终值$(S_{PA})=R \cdot S_{A\overline{n}|i}(1+i)$

∴ 中兴公司建设项目的总投资额(S_{PA})

$=1,500,000 \times S_{A\overline{4}|16\%} \times (1+16\%)$

$$=1,500,000 \times 5.066 \times (1+16\%) = 8,814,840 \text{ 元}$$

习题解答十一

将十年租金折算成现值：

由于租金是每年初支付的，属于预付年金

十年租金总现值$(PV_{PA}) = R \cdot PV_{A\overline{10}|12\%} \cdot (1+12\%)$

$$= 18,000 \times 5.650 \times 1.12 = 113,904 \text{ 元}$$

将十年租金的总现值 113,904 元与购买方案一次付现的 140,000 元比较，显然租用方案比购买方案要少付 26,096 元，故维利公司应采取租用方案。

习题解答十二

1. 计算自第三年起至第八年止，每张公司债共还本付息多少金额：

这属于延期年金终值(S_{DA})的计算问题，可代入下述公式：

$$S_{DA} = R \cdot S_{A\overline{n}|i} = 240 \cdot S_{A\overline{6}|12\%}$$

$$= 240 \times 8.115 = 1,947.60 \text{ 元}$$

从以上计算结果表明，每张公司债在递延期两年后，六年内共还本付息 1,947.60 元。

2. 计算股票市场上潜在的投资者对购买该项公司债愿意每张出价多少：

由于该项公司债在递延期（两年）后是等额付款，故这项问题的实质就是计算该公司债的递延年金现值，可代入以下两个公式（任选其一）：

(1) $PV_{DA} = R \cdot PV_{A\overline{n}|i} \cdot PV_{\overline{m}|i}$

$$= 240 \cdot PV_{A\overline{6}|12\%} \cdot PV_{\overline{2}|12\%}$$

$$= 240 \times 4.111 \times 0.797 = 786.35 \text{ 元}$$

(2) $PV_{DA} = R(PV_{A\overline{m+n}|i} - PV_{A\overline{m}|i})$

$$= 240 \times (PV_{A\overline{8}|12\%} - PV_{A\overline{2}|12\%})$$

$$= 240 \times (4.968 - 1.690) = 240 \times 3.278 = 786.72 \text{ 元}$$

（与上述结果基本上相同）

从以上两种计算结果表明：市场上潜在的投资者一般愿意出价 786 元购买该项公司债。

习题解答十三

计算投资啤酒厂方案的未来收益的预期价值($\overline{EV}$)：

未来收益的预期价值 $(\overline{EV}) = \sum\limits_{i=1}^{n} x_i P_i$

$= (600 \text{万元} \times 0.3) + (500 \text{万元} \times 0.5)$

$\quad + (300 \text{万元} \times 0.2)$

$= 490 \text{万元}$

计算投资啤酒厂方案的标准离差率(R)：

$\because \sigma = \sqrt{\sum\limits_{i=1}^{n}(x_i - \overline{EV})^2 P_i}$

$= \sqrt{(600-490)^2 \times 0.3 + (500-490)^2 \times 0.5 + (300-490)^2 \times 0.2}$

$= \sqrt{10,900} = 104.4 \text{万元}$

$\therefore R = \dfrac{\sigma}{\overline{EV}} = \dfrac{104.4 \text{万元}}{490 \text{万元}} \times 100\% = 21.31\%$

导入风险系数，并计算该方案的预期风险价值：

预期的风险报酬率 $(RP_r) = F \cdot R = 0.6 \times 21.31\% = 12.79\%$

预期的风险报酬额 $(RP_r) = \overline{EV} \cdot \dfrac{RP_r}{i + RP_r} = 490 \text{万元} \times \dfrac{12.79\%}{12\% + 12.79\%}$

$= 252.791 \text{万元}$

计算该方案要求的风险价值：

要求的风险报酬率 $(RP_r) = \dfrac{\overline{EV}}{\text{原投资额}} - i = \dfrac{490 \text{万元}}{1,500 \text{万元}} - 12\%$

$= 20.67\%$

要求的风险报酬额 $(RP_r) = \overline{EV} \cdot \dfrac{\text{要求的} RP_r}{i + \text{要求的} RP_r}$

$= 490 \text{万元} \times \dfrac{20.67\%}{12\% + 20.67\%}$

$= 310.02 \text{万元}$

评价：由于预期的风险报酬率(12.79%)与预期的风险报酬额(252.791万元)均远远低于要求的风险报酬率(20.67%)与要求的风险报酬额(310.02

万元),即说明兴办啤酒厂的投资方案所冒的风险比较小,是可行的。

习题解答十四

计算各类资本占总资本的比重:

$$\text{长期借款占总资本比重} = \frac{1,000 \text{万元}}{3,400 \text{万元}} \times 100\% = 29.41\%$$

$$\text{公司债占总资本的比重} = \frac{2,000 \text{万元}}{3,400 \text{万元}} \times 100\% = 58.82\%$$

$$\text{优先股占总资本的比重} = \frac{100 \text{万元}}{3,400 \text{万元}} \times 100\% = 2.94\%$$

$$\text{普通股占总资本的比重} = \frac{280 \text{万元}}{3,400 \text{万元}} \times 100\% = 8.24\%$$

$$\text{留存收益占总资本的比重} = \frac{20 \text{万元}}{3,400 \text{万元}} \times 100\% = 0.59\%$$

编制全部资本的加权平均资本成本计算表:

全部资本的加权平均成本计算表

资本种类	占总资本的比重	个别资本成本	加权平均资本成本
长期借款	29.41%	7.2%	2.12%
公司债	58.82%	8.3%	4.88%
优先股	2.94%	10.5%	0.31%
普通股	8.24%	15.6%	1.29%
留存收益	0.59%	15%	0.09%
合计	100%	—	8.69%

从以上计算的结果表明:豫园公司投资项目全部资本的加权平均成本为8.69%。

习题解答十五

1. 计算各年的销售收入、变动成本总额、生产设备折旧,及付现固定成本总额:

(1) 销售收入:

第 1 年销售收入 = 15×18,000 = 270,000 元

第 2、3、4、5 年销售收入 = 15×20,000 = 300,000 元

(2) 付现变动成本总额：

第 1 年付现变动成本总额 = 13×18,000 = 234,000 元

第 2、3、4、5 年付现变动成本总额 = 13×20,000 = 260,000 元

(3) 各年的生产设备折旧 = $\dfrac{\text{原价}-\text{残值}}{\text{寿命周期}}$

$= \dfrac{30,000-2,000}{5} = 5,600$ 元

(4) 付现固定成本总额：

第 1 年的付现固定成本总额 = 固定成本总额 － 生产设备折旧

= 25,000 － 5,600 = 19,400 元

第 2、3、4、5 年的付现固定成本总额 = 固定成本总额 － 生产设备折旧

= 30,000 － 5,600 = 24,400 元

根据以上求得的数据，填入预计收益表内，并通过计算求出各年的净利和现金净流量：

静安电器厂预计收益表

单位：元

项　目	第 1 年	第 2、3、4、5 年
销售收入	270,000	300,000
销售成本：		
付现变动成本总额	234,000	260,000
付现固定成本总额	19,400	24,400
生产设备折旧	5,600	5,600
小　计	259,000	290,000
税前净利	11,000	10,000
所得税	3,850	3,500
税后净利	7,150	6,500
各年的现金净流量*	12,750	12,100

＊各年现金净流量(NCF)＝税后净利＋生产设备折旧

或： ＝销售收入－付现的变动成本和固定成本－所得税

2. 将各年的现金净流量(NCF)与原始投资及期末回收各项目,填入"各年现金流量计算表":

静安电器厂预计现金流量计算表

单位:元

年 份	0	1	2	3	4	5
生产设备投资	(30,000)					
流动资产垫支	(8,000)					
各年现金净流量		12,750	12,100	12,100	12,100	12,100
回收设备残值						2,000
回收流动资产						8,000
各年现金流量合计	(38,000)	12,750	12,100	12,100	12,100	22,100

习题解答十六

计算 A 方案的净现值(NPV):

∵ A 方案未来报酬的总现值＝$R \cdot PV_{A\overline{5}|12\%}$

$$=20,000 \times 4.968 = 99,360 元$$

∴ A 方案的净现值＝未来报酬总现值－原投资额

$$=99,360 - 100,000 = (640) 元$$

以上计算的结果表明:A 方案的净现值是负数,故该方案不可行。

计算 B 方案的净现值(NPV):

由于各年 NCF 不相等,故需分别计算,然后加总,再与原投资额比较:

年　度	各年 NCF	$PV_{\overline{n}12\%}$	PV
1	40,000 元	0.893	35,720 元
2	30,000 元	0.797	23,910 元
3	30,000 元	0.712	21,360 元
4	20,000 元	0.636	12,720 元
5	10,000 元	0.567	5,670 元
6	10,000 元	0.507	5,070 元
7	10,000 元	0.452	4,520 元
8	10,000 元	0.404	4,040 元
未来报酬总现值			113,010 元
原投资额			100,000 元
净现值(NPV)			13,010 元

以上计算结果表明 B 方案的净现值为正数,故方案可行。

习题解答十七

(1) 采用净现值法:

① 计算数控机床的折旧:

$$折旧 = \frac{1,670,000 + 10,000 - 18,000}{12} = 138,500 \text{ 元}$$

② 计算每年的现金净流量(NCF):

$$NCF = 税后净利 + 折旧 = 146,800 + 138,500$$
$$= 285,300 \text{ 元}$$

③ 计算该项投资的未来报酬总现值:

$$未来报酬总现值 = NCF \cdot PV_{A\overline{12}14\%} + 18,000 \cdot PV_{\overline{12}14\%}$$

$$= 285,300 \times 5.660 + 18,000 \times 0.208$$

$$= 1,614,798 + 3,744 = 1,618,542 \text{ 元}$$

该方案的净现值＝未来报酬总现值－原投资额

$$= 1,680,000 - 1,618,542 = 61,458 \text{ 元}$$

从以上计算结果表明：晨光机器购置数控车床的投资方案的净现值是负数，故方案不可行。

(2) 采用内含报酬率法：

① 由于各年现金净流量相等，故可先求年金现值系数：

$$\text{年金现值系数}(PV_{A\overline{12}|i}) = \frac{\text{原投资额的现值}}{\text{各年的 NCF}}$$

$$= \frac{1,680,000}{285,300} = 5.889$$

② 查 1 元的年金现值表，在 12 期这一行中找出与 5.889 相邻近的两个年金现值系数，以及与之相应的两个折现率，并采用插值法来求出它的内含报酬率：

折现率(i)		年金现值系数($PV_{A\overline{12}|n}$)	
12%		6.194	
?%	}x% }2%	5.889	}0.305 }0.534
14%		5.660	

$$\frac{x}{2} = \frac{0.305}{0.534}, \quad \therefore x = \frac{2 \times 0.305}{0.534} = 1.14$$

$$\therefore i(IRR) = 12\% + 1.14\% = 13.14\%$$

从以上计算的结果可见，该项投资方案的 IRR 为 13.14%，低于资本成本 (14%)，故方案不可行。

习题解答十八

1. 净现值法：

(1) 农业投资方案：

年 份	各年的 NCF	$PV_{n10\%}$	现值(PV)
1	30,000 元	0.909	27,270 元
2	60,000 元	0.826	49,560 元
3	90,000 元	0.751	67,590 元
4	120,000 元	0.683	81,960 元
5	150,000 元	0.621	93,150 元
未来报酬总现值			319,530 元
原 投 资 额			320,000 元
净 现 值(NPV)			(470)元

(2) 矿业投资方案:

年 份	各年的 NCF	$PV_{n10\%}$	现值(PV)
1	150,000 元	0.909	136,350 元
2	120,000 元	0.826	99,120 元
3	90,000 元	0.751	67,590 元
4	60,000 元	0.683	40,980 元
5	30,000 元	0.621	18,630 元
未来报酬总现值			362,670 元
原 投 资 额			320,000 元
净 现 值(NPV)			42,670 元

结论:从以上计算的结果可见,投资农业的方案是不可行的,因为它的净现值是负数;而投资矿业的方案则属可行,因为它的净现值是较大的正数。

2. 现值指数法:

(1) 农业投资的现值指数 $(PVI) = \dfrac{未来报酬总现值}{原投资额} = \dfrac{319,530}{320,000} = 0.998$

(2) 矿业投资的现值指数 $(PVI) = \dfrac{未来报酬总现值}{原投资额} = \dfrac{362,670}{320,000} = 1.133$

结论：根据以上计算的结果，可见农业投资方案的现值指数小于1，不可行；而矿业投资方案的现值指数大于1，可行。

3. 内含报酬率法：

(1) 农业投资方案，在净现值法中按10%的资本成本进行折现，其净现值为较小的负数值，现再稍稍降低其折现率，如采用9%进行测试：

年 份	各年的NCF	$PV_{司9\%}$	现值(PV)
1	30,000元	0.917	27,510元
2	60,000元	0.842	50,520元
3	90,000元	0.772	69,480元
4	120,000元	0.708	84,960元
5	150,000元	0.650	97,500元
未来报酬总现值			329,970元
原投资额			320,000元
净 现 值(NPV)			9,970元

结论：通过以上测试，我们可以知道农业投资方案的内含报酬率即在9%与10%之间，现采用插值法：

```
      折现率(i)                  净现值(NPV)
      9%  ⎫                    9,970 ⎫
      ?%  ⎬ x% ⎫               0     ⎬ 9,970 ⎫
              ⎬ 1%                         ⎬ 10,440
      10% ⎭    ⎭              (470)       ⎭
```

$$\dfrac{x}{1} = \dfrac{9,970}{10,440}, \qquad \therefore x = 0.95$$

∴ 农业投资的内含报酬率 $(IRR) = 9\% + 0.95\% = 9.95\%$

(2) 矿业投资方案：

先估一个折现率进行测试，若为16%：

年 份	各年的 NCF	$PV_{\overline{n}|16\%}$	现值(PV)
1	150,000 元	0.862	129,300 元
2	120,000 元	0.743	89,160 元
3	90,000 元	0.641	57,690 元
4	60,000 元	0.552	33,120 元
5	30,000 元	0.476	14,280 元
未来报酬总现值			323,550 元
原 投 资 额			320,000 元
净 现 值(NPV)			3,550 元

第一次测试的净现值仍是正数,故应再提高折现率,若为 18%,进行第二次测试:

年 份	各年的 NCF	$PV_{\overline{n}|18\%}$	现值(PV)
1	150,000 元	0.847	127,050 元
2	120,000 元	0.718	86,160 元
3	90,000 元	0.609	54,810 元
4	60,000 元	0.516	30,960 元
5	30,000 元	0.437	13,110 元
未来报酬总现值			312,090 元
原 投 资 额			320,000 元
净 现 值(NPV)			(7,910)元

通过以上两次测试,我们可以知道矿业投资方案的内含报酬率即在 16% 与 18% 之间,现采用插值法:

折现率(i)	净现值(NPV)
16% ⎱ x‰ ⎱ 2‰	3,550 ⎱ 3,550 ⎱ 11,460
?%	0
18%	(7,910)

$$\frac{x}{2}=\frac{3,550}{11,460}, \quad \therefore x=\frac{2\times 3,550}{11,460}=0.62$$

∴ 矿业投资的内含报酬率(IRR) = 16% + 0.62% = 16.62%

结论：根据以上计算的结果，可见农业投资的 IRR 为 9.95%，低于资本成本 10%，故该方案不可行。而矿业投资的 IRR 为 16.62%，远远超过资本成本 10%，故该方案可行。

习题解答十九

1. 回收期法：

(1) A 方案——由于各年 NCF 相等，可按下列公式计算预计回收期：

A 方案的预计回收期(PP) = $\frac{原投资额}{各年 NCF}=\frac{500,000}{220,000}=2.27$ 年

(2) B 方案——由于各年 NCF 不等，需先列表计算其各年末累计的 NCF：

年　份	年末累计的 NCF	年末尚未回收的投资
1	230,000 元	270,000 元
2	440,000 元	60,000 元
3	680,000 元	
4	880,000 元	
5	1,100,000 元	

∴ B 方案的预计回收期(PP) = $2+\frac{60,000}{680,000-440,000}=2.25$(年)

结论：从以上计算的结果可见正泰公司的 A、B 两个投资方案的预计回收期分别为 2.27 年与 2.25 年，均较要求的回收期 $\left(\frac{5}{2}=2.5 \text{ 年}\right)$ 为短，故均属可行。若就 A、B 两方案对比，B 方案的回收期较 A 方案更短，故 B 方案较优。

2. 平均投资报酬率法：

(1) A方案的平均投资报酬率(ARR)

$$\text{A方案的 ARR} = \frac{\text{年平均净利}}{\text{原始投资额}} \times 100\% = \frac{120,000}{500,000} \times 100\% = 24\%$$

(2) B方案的平均投资报酬率(ARR)

$$\text{B方案的 ARR} = \frac{\text{年均净利}}{\text{原始投资额}} \times 100\% = \frac{600,000 \div 5}{500,000} \times 100\% = 24\%$$

从以上计算的结果可见，A、B两方案的ARR相等，均为28%，很难区分伯仲。

习题解答二十

1. 净现值法：

(1) ∵ 每年 NCF ＝净利＋折旧

$$= 13,000 + \frac{120,000 - 6,000}{6} = 32,000 \text{ 元}$$

(2) 未来报酬总现值＝(各年 NCF×$PV_{A司14\%}$)＋(残值×$PV_{司14\%}$)

$$= (32,000 \times 3.889) + (6,000 \times 0.456)$$

$$= 127,184 \text{ 元}$$

(3) 净现值(NPV)＝未来报酬总现值－原投资额

$$= 127,184 - 120,000 = 7,184 \text{ 元}$$

从以上计算结果表明：购置自动化设备方案的净现值是正数，故该方案可行。

2. 现值指数法：

$$\text{购置自动化设备的现值指数(PVI)} = \frac{\text{未来报酬总现值}}{\text{原投资额}}$$

$$= \frac{127,184}{120,000} = 1.06$$

由于该方案的现值指数大于1，故该方案可行。

3. 内含报酬率法：

(1) 由于该方案除期末有6,000元残值外，其他各年的NCF均相等，为了简化计算手续，可将期末6,000元平均分摊到各年NCF内，视作各年NCF

相等。

(2) ∵ 年金现值系数$(PV_{A\overline{n}|14\%}) = \dfrac{原投资额}{各年平均的NCF}$

$$= \dfrac{120,000}{32,000 + \dfrac{6,000}{6}} = 3.636$$

(3) 查 1 元的年金现值表,在 6 期这一行,找出与 3.636 相邻近的两个年金现值系数,及其相应的折现率,并采用插值法:

折现率(i)		年金现值系数$(PV_{A\overline{n}|i})$	
16%		3.685	
?% ⎱x% ⎱2%		3.636 ⎱0.049 ⎱0.187	
18%		3.498	

$\dfrac{x}{2} = \dfrac{0.049}{0.187}$, ∴ $x = \dfrac{2 \times 0.049}{0.187} = 0.52$

∴ IRR = 16% + 0.52% = 16.52%

由于该项投资方案的内含报酬率为 16.52%,高于资本成本 14%,故该方案可行。

4. 回收期法:

$$\dfrac{购置自动化}{设备的回收期} = \dfrac{原投资额}{平均每年的NCF} = \dfrac{120,000}{32,000 + \dfrac{6,000}{6}} = 3.64 \text{ 年}$$

由于该项投资在 3.64 年内即可回收全部投资,风险不大,故方案可行。

5. 平均投资报酬率法:

$$\dfrac{购置自动化设备的}{平均投资报酬率} = \dfrac{年平均净利}{原投资额} \times 100\% = \dfrac{13,000}{120,000} \times 100\% = 10.83\%$$

习题解答二十一

1. 计算该生产设备建成后的总投资额(S_A):

$$S_A = R \cdot S_{A\overline{n}|10\%} = 454,000 \times 6.105 = 2,771,670 \text{ 元}$$

从以上计算结果表明:该生产设备的总投资为 2,771,670 元。

2. 分别采用三种方法对该投资项目进行评价:

(1) 采用净现值法:

① 计算各年的现金净流量(NCF)

$$NCF = 税后净利 + 折旧 = 180,000 + 277,167$$
$$= 457,167 元$$

② 计算未来报酬总现值(PV_A)
$$PV_A = NCF \cdot PV_{A\overline{10}|10\%} = 457,167 \times 6.145$$
$$= 2,809,291.22 元$$

③ 计算该投资项目的净现值(NPV)
$$NPV = 未来报酬总现值 - 原投资额的现值$$
$$= 2,809,291.22 - 2,771,670 = 37,621.22 元$$

由于该投资项目的 NPV 为正值,故方案可行。

(2)采用内含报酬率法:

① 由于各年 NCF 相等,故先计算年金现值系数($PV_{A\overline{10}|i}$)
$$PV_{A\overline{10}|i} = \frac{原投资额的现值}{各年 NCF} = \frac{2,771,670}{457,167} = 6.063$$

② 查 1 元的年金现值表,在 10 期这一行中找出与 6.063 相邻近的两个年金现值系数,及其相应的折现率,并采用插值法:

折现率(i)			年金现值系数($PV_{A\overline{10}|i}$)		
10%	} x%	} 2%	6.145	} 0.082	} 0.495
?%			6.063		
12%			5.650		

$$\frac{x}{2} = \frac{0.082}{0.495}, \quad \therefore x = \frac{2 \times 0.082}{0.495} = 0.33$$

$\therefore$ IRR(i) = 10% + 0.33% = 10.33%

由于该投资项目的 IRR 为 10.33%,大于资本成本 10%,故方案可行。

(3)采用回收期法:

由于各年 NCF 相等,故该投资项目的回收期可代入下列公式:

$$预计回收期(PP) = \frac{原投资额}{各年 NCF} = \frac{2,771,670}{457,167} = 6.06 年$$

由于该投资项目的预计回收期为 6.06 年,略高于要求的回收期 5 年 $\left(\frac{10}{2}\right)$;但与净现值法、内含报酬率法结合起来考虑,该方案尚属可行。

习题解答二十二

计算三年分期投入的投资总额的现值:

$$\begin{aligned}\text{三年投资总}\\\text{额的现值}\end{aligned} = 150\text{万元} \cdot PV_{\overline{0}12\%} + 100\text{万元} \times PV_{\overline{1}12\%} + 50\text{万元} \times PV_{\overline{2}12\%}$$

$$= 150\text{万元} \times 1 + 100\text{万元} \times 0.893 + 50\text{万元} \times 0.797$$

$$= 279.15\text{万元}$$

编制净现值(NPV)计算表如下：

年　份	各年的 NCF	$PV_{\overline{n}12\%}$	现值(PV)
1	—	0.893	—
2	30 万元	0.797	23.91 万元
3	40 万元	0.712	28.48 万元
4	50 万元	0.636	31.80 万元
5	80 万元	0.567	45.36 万元
6	120 万元	0.507	60.84 万元
7	150 万元	0.452	67.80 万元
8	100 万元	0.404	40.40 万元
未来报酬总现值			298.59 万元
原投资总额的现值			279.15 万元
净　现　值(NPV)			19.44 万元

结论：由于该建设项目的净现值是正数，故方案可行。

习题解答二十三

分别计算新旧机床的每年 NCF 及其差量：

$$\begin{aligned}\text{新机床的}\\\text{每年 NCF}\end{aligned} = \text{销售收入} - \text{营运成本} = 115,000 - 91,800 = 23,200 \text{元}$$

$$\begin{aligned}\text{旧机床的}\\\text{每年 NCF}\end{aligned} = \text{销售收入} - \text{营运成本} = 100,000 - 86,000 = 14,000 \text{元}$$

售旧换新能 (ΔNCF) = 新机床的每年 NCF − 旧机床的每年 NCF

$= 23,200 - 14,000 = 9,200$ 元

结合货币时间价值计算售旧换新能增加的净现值（ΔNPV）：

(1) 售旧换新增加的 NCF 的总现值 = 每年增加的 NCF · $PV_{A\overline{10}|18\%}$

$= 9,200 \times 4.494 = 41,344.80$ 元

这里应注意，由于新旧机床的残值都是在第十年末发生，均为 2,000 元，故属于无关成本，不必考虑。

(2) 售旧换新需增加的投资额 $= 50,000 - 20,000 = 30,000$ 元

(3) 售旧换新增加的净现值 (ΔNPV) = 售旧换新增加的 NCF 的总现值 − 售旧换新需增加的投资额

$= 41,344.80 - 30,000 = 11,344.80$ 元

结论：根据以上计算的结果表明：售旧换新的方案能增加净现值 11,344.80 元，故该方案是可行的。

习题解答二十四

根据给定的资料，可编制如下的差量分析表：

摘　要	现金流量	现值系数	现　值
差量收入（出售−出租）			
机器出售的收入（价款）	56,000 元	现在，$PV_{0|12\%} = 1$	56,000 元
机器出租的收入（每年租金）	8,000 元	$PV_{A\overline{10}|12\%} = 5.650$	45,200 元
差量收入			10,800 元
差量成本（出售−出租）			
出售的拆卸、包装、运输成本	12,000 元	现在，$PV_{0|12\%} = 1$	12,000 元
出租的每年维修、保修成本	1,000 元	$PV_{A\overline{10}|12\%} = 5.650$	5,650 元
差量成本			6,350 元
差量利润（出售−出租的 ΔNPV）			4,450 元

根据以上分析表的结果表明：出售机器方案较出租机器方案可多获净现值 4,450 元，故出售给长江机器厂的方案较为有利。

习题解答二十五

根据给定的资料代入计算机器经济寿命($\hat{n}$)的公式：

$$\hat{n}=\sqrt{\frac{2c}{g}}=\sqrt{\frac{2\times(20,000-1,500)}{500}}=\sqrt{74}=8.6 \text{年}$$

根据给定的资料代入与经济寿命相应的最低年均成本($\hat{T}$)的公式：

$$\hat{T}=\sqrt{2cg}-\frac{g}{2}=\sqrt{2\times(20,000-1,500)\times 500}-\frac{500}{2}$$

$$=4,301.16-250=4,051.16 \text{元}$$

结论：以上计算的结果表明：该机器的年均最低成本为 4,051.16 元，经济寿命为 8.6 年，现该机器已使用 5 年，则大约在两年半以后更新该项设备最为合适。

习题解答二十六

计算翻新方案的年均成本：

$$\text{翻新的年均成本}=(10,000+10,000\cdot PV_{\overline{3}|12\%})\times\frac{1}{PV_{A\overline{6}|12\%}}$$

$$-\frac{10,000\times 2}{6}\times 33\%=4,305.96-1,100$$

$$=3,205.96 \text{元}$$

计算更新方案的年均成本：

$$\text{更新的年均成本}=(40,000-3,000)\times\frac{1}{PV_{A\overline{8}|12\%}}+3,000\times 12\%$$

$$-\frac{40,000-3,000}{8}\times 33\%=7,447.67+360-1,526.25$$

$$=6,281.42 \text{元}$$

结论：比较上述两方案的年均成本，显然翻新方案的年均成本 3,205.96 元，大大低于更新方案的年均成本 6,281.42 元，故翻新方案较优。

习题解答二十七

计算更新方案的年均成本：

$$\text{更新的年均成本}=(40,000-3,000)\times\frac{1}{PV_{A\overline{8}|12\%}}+3,000\times 12\%$$

$$-\frac{40,000-3,000}{8}\times 33\% +10,000\times PV_{\overline{4}|12\%}\times \frac{1}{PV_{A\overline{8}|12\%}}$$

$$-(5,000+3,000)\times(1-33\%)$$

$$=7,447.67+360-1,526.25+1,280.19-5,360$$

$$=2,201.61 \text{元}$$

翻新方案的年均成本与习题二十六相同,仍为 3,205.96 元。

结论:比较上述两方案的年均成本,显然更新方案的年均成本 2,201.61 元,较翻新方案的年均方案的年均成本 3,205.96 元为低,故更新方案较优。

习题解答二十八

(1) 对举债购置方案采用净现值法和内含报酬率法进行评价:

① 净现值法:

∵ 每年计提的折旧 $=\dfrac{600,000}{10}=60,000$ 元

∴ 税前净利 = 销售收入 − 其他付现成本 − 折旧

$$=500,000-355,700-60,000=84,300 \text{元}$$

税后净利 = 税前净利 × (1 − 所得税率)

$$=84,300\times(1-40\%)=50,580 \text{元}$$

每年 NCF = 税前净利 + 折旧 = 50,580 + 60,000

$$=110,580 \text{元}$$

举债购置的 NPV = 未来报酬总现值 − 原投资额

$$=110,580 \cdot PV_{A\overline{10}|14\%}-600,000$$

$$=110,580\times 5.216-600,000$$

$$=576,785.28-600,000=23,214.72 \text{元}$$

由于举债购置的净现值是负数,故方案不可行。

② 内含报酬率法:

∵ 年金现值系数 $=\dfrac{\text{原投资额}}{\text{每年 NCF}}=\dfrac{600,000}{110,580}=5.426$

查 1 元的年金现值表，在 10 期这一行找出与 5.426 相邻近的两个年金现值系数，及其相应的折现率，并采用插值法：

$$\left.\begin{array}{l}\text{折现率(i)} \\ \left.\begin{array}{l}12\% \\ ?\% \\ 14\%\end{array}\right\}x\%\end{array}\right\}2\% \qquad \left.\begin{array}{l}\text{年金现值系数}(PV_{A\overline{10}|i}) \\ \left.\begin{array}{l}5.650 \\ 5.426 \\ 5.216\end{array}\right\}0.224\end{array}\right\}0.434$$

$$\frac{x}{2}=\frac{0.224}{0.434}, \qquad \therefore\ x=\frac{2\times 0.224}{0.434}=1.03$$

$\therefore$ IRR(i) = 12% + 1.03% = 13.03%

由于内含报酬率为 13.03%，低于资本成本 14%，故方案不可行。

(2) 对租赁方案进行评价：

① 计算租金内部利息率(IRI)：

$\because$ 租金内部利息率系数 $(IRI_{\overline{n}|i}) = \dfrac{\text{租赁资产市价}}{\text{每年末支付的租金}} = \dfrac{600,000}{97,640} = 6.145$

查 1 元的年金现值表，在 10 期这一行中找出 6.145 的折现率正好是 10%

$\therefore$ 租金内部利息率(IRI) = 10%

② 拿租金内部利息率 10% 与借款利率 14% 比较，显然前者小于后者四个百分点，即说明租赁方案优于举债购置方案。

习题解答二十九

(1) 对举债购置方案采用净现值法和内含报酬率法进行评价：

① 净现值法：

$\because$ 折旧 $= \dfrac{100,000}{10} = 10,000$ 元

$\therefore$ 税前净利 = 销售收入 − 付现成本 − 折旧

$= 90,000 - 64,000 - 10,000 = 16,000$ 元

税后净利 = 税前净利 × (1 − 所得税率)

$= 16,000 \times (1 - 35\%) = 10,400$ 元

$\therefore$ 各年 NCF = 税后净利 + 折旧 = 10,400 + 10,000

$= 20,400$ 元

∴ 举债购置方案
的净现值(NPV) = 未来报酬总现值 - 原投资额

$$= 20,400 \cdot PV_{A\overline{10}|14\%} - 100,000$$

$$= 20,400 \times 5.216 - 100,000 = 6,406.40 元$$

由于举债购置方案的 NPV 是正值,故方案可行。

② 内含报酬率法:

∵ 年金现值系数 = $\dfrac{原投资额}{每年 NCF} = \dfrac{100,000}{20,400} = 4.902$

查1元的年金现值表,在10期这一行中找出与4.902相邻近的两个年金现值系数及其相应的折现率,并采用插值法:

折现率(i)		年金现值系数($PV_{A\overline{10}|i}$)	
14%		5.216	
?% } x% } 2%		4.902 } 0.314 } 0.383	
16%		4.833	

$$\dfrac{x}{2} = \dfrac{0.314}{0.383}, \quad ∴ \quad x = \dfrac{2 \times 0.314}{0.383} = 1.64$$

∴ IRR(i) = 14% + 1.64% = 15.64%

由于举债购置方案的 IRR 为 15.64%,高于资本成本(14%),故方案可行。

(2) 对租赁方案进行评价:

① 计算租金的内部利息率(IRI):

根据融资租赁合同的规定与租金内部利息率的定义,可列出公式如下:

融资租赁资产市价 = 第一年初支付租金 + 各年末支付租金 × 租金内部利息率系数($IRI_{\overline{10}|i}$)

移项:

租金内部利息率系数($IRI_{\overline{10}|i}$) = $\dfrac{\dfrac{融资租赁}{资产市价} - \dfrac{第一年初}{支付租金}}{各年末支付租金}$

$$= \dfrac{100,000 - 10,000}{15,929} = 5.650$$

查1元的年金现值表,在第10期这一行中找出5.650的相应折现率正好是12%,即 IRI = 12%。

从以上计算的结果可知,租赁该项设备的租金,实质上就等于向东方租赁公司贷款 100,000 元购买该项设备。购买时先付款 10,000 元,以后十年每年末等额偿还贷款的本息,贷款利率为 12%。因此,租金内部利息率实际上就是承租人通过租赁来融资的成本。

(3) 结论:把以上(1)、(2)两部分进行对比可见,举债购置方案通过净现值法和内含报酬率法的计算与分析,虽然均属可行;但是租赁方案的租金内部利息率仍比举债购置的借款利率要低两个百分点,故中旅公司应选择租赁方案为优。

习题解答三十

先根据给定的资料,按 PVI 的高低顺序编表如下:

按PVI高低的顺序号	1	2	3	4	5	6
投资项目名称	丁	乙	丙	戊	己	甲
投资额(万元)	20	14	10	6	9	12
现值指数	1.36	1.30	1.25	1.18	1.15	1.04

从上表所示数据可以看出,项目丁、乙、戊三个项目投资额之和正好等于计划期资本定量 40 万元,因而这三个项目属于最优组合。

丁、乙、戊三个项目能提供最大的净现值总额
$= 20 \times (1.36 - 1) + 14 \times (1.30 - 1) + 6 \times (1.18 - 1)$
$= 7.2 + 4.2 + 1.08 = 12.48$ 万元

六、全面预算

习 题 解 答 一

1. 上年11月份销售总额 $= 4,000 \div 10\% = 40,000$ 元

   上年12月份销售总额 $= 18,000 \div (30\% + 10\%) = 45,000$ 元

2. 把计划期初应收帐款余额 22,000 元加以分解：

   计划期1月份应收帐款 $= (40,000 \times 10\%) + (45,000 \times 30\%) = 17,500$ 元

   计划期2月份应收帐款 $= 45,000 \times 10\% = 4,500$ 元

根据上述有关资料编制计划期（19×9年度）的销售预算如下：

长虹公司销售预算
19×9年第1季度

	摘　　要	1月份	2月份	3月份	全　季
	预计销售量（件）	1,000 件	1,500 件	1,800 件	4,300 件
	销售单价	50 元/件	50 元/件	50 元/件	50 元/件
	预计销售金额	50,000 元	75,000 元	90,000 元	215,000 元
预计现金收入计算表	期初应收帐款	17,500 元	4,500 元		22,000 元
	1月份销售收入	30,000 元	15,000 元	5,000 元	50,000 元
	2月份销售收入		45,000 元	22,500 元	67,500 元
	3月份销售收入			54,000 元	54,000 元
	现金收入合计	47,500 元	64,500 元	81,500 元	193,500 元

习题解答 二

兴华公司生产预算
19×9年第1季度 单位：件

摘 要	4月份	5月份	6月份	全 季
预计销售需要量	50,000	60,000	80,000	190,000
加：预计期末存货量	9,000	12,000	10,500	10,500
预计需要量合计	59,000	72,000	90,500	200,500
减：期初存货量	7,500	9,000	12,000	7,500
预计生产量	51,500	63,000	78,500	193,000

习题解答 三

金陵公司直接材料采购预算
19×8年度

摘 要		1季度	2季度	3季度	4季度	全 年
预计生产量（件）		410	510	590	510	2,020
单位产品材料消耗定额（千克）		5	5	5	5	5
预计生产需要量（千克）		2,050	2,550	2,950	2,550	10,100
加：期末存料量		765	885	765	900	900
预计需要量合计（千克）		2,815	3,435	3,715	3,450	11,000
减：期初存料量		600	765	885	765	600
预计购料量（千克）		2,215	2,670	2,830	2,685	10,400
材料计划单价（元）		4	4	4	4	4
预计购料金额		8,860元	10,680元	11,320元	10,740元	41,600元
预计现金支出计算表	期初应付帐款	4,000元				4,000元
	一季度购料	5,316元	3,544元			8,860元
	二季度购料		6,408元	4,272元		10,680元
	三季度购料			6,792元	4,528元	11,320元
	四季度购料				6,444元	6,444元
	现金支出合计	9,316元	9,952元	11,064元	10,972元	41,304元

习题解答四

先计算直接人工工资率以及制造费用分配率：

直接人工工资率 $=\dfrac{12,000}{20,000}=0.60$ 元/工时

变动费用分配率 $=\dfrac{8,000}{20,000}=0.40$ 元/工时

固定费用分配率 $=\dfrac{18,000-8,000}{20,000}=0.50$ 元/工时

编制甲产品的标准成本单：

成本项目	价格标准	用量标准	合计
直接材料	2 元/千克	100 千克	200 元
直接人工	0.60 元/工时	80 工时	48 元
变动制造费用	0.40 元/工时	80 工时	32 元
固定制造费用	0.50 元/工时	80 工时	40 元
标准成本（采用变动成本计算法）	—		280 元
标准成本（采用全部成本计算法）	—		320 元

编制乙产品的标准成本单：

成本项目	价格标准	用量标准	合计
直接材料	2.50 元/千克	140 千克	350 元
直接人工	0.60 元/工时	100 工时	60 元
变动制造费用	0.40 元/工时	100 工时	40 元
固定制造费用	0.50 元/工时	100 工时	50 元
标准成本（采用变动成本计算法）	—		450 元
标准成本（采用全部成本计算法）	—		500 元

习 题 解 答 五

隆昌公司制造费用弹性预算
19×9 年度

成本明细项目	分配率	生产能量			
		3,000 工时	4,000 工时	5,000 工时	6,000 工时
变动费用：					
1. 间接人工	0.10 元/工时	300 元	400 元	500 元	600 元
2. 物料费	0.15 元/工时	450 元	600 元	750 元	900 元
3. 维护费	0.08 元/工时	240 元	320 元	400 元	480 元
4. 水电费	0.12 元/工时	360 元	480 元	600 元	720 元
小　计		1,350 元	1,800 元	2,250 元	2,700 元
固定费用：					
1. 间接人工		3,000 元	3,000 元	3,000 元	3,000 元
2. 折旧费		4,800 元	4,800 元	4,800 元	4,800 元
3. 维护费		2,000 元	2,000 元	2,000 元	2,000 元
4. 水电费		800 元	800 元	800 元	800 元
小　计		10,600 元	10,600 元	10,600 元	10,600 元
制造费用总计		11,950 元	12,400 元	12,850 元	13,300 元

习 题 解 答 六

计算艺新公司的变动成本率：

$$变动成本率 = 1 - 贡献毛益率 = 1 - 45\% = 55\%$$

根据 $px - bx - a = P$ 的公式，编制艺新公司的弹性利润预算如下：

艺新公司弹性利润预算
19×9年度 单位：元

摘要					
销售收入总额	9,000	9,500	10,000	10,500	11,000
减：变动成本总额(55%)	4,950	5,225	5,500	5,775	6,050
贡献毛益总额(45%)	4,050	4,275	4,500	4,725	4,950
减：固定成本总额	1,500	1,500	1,500	1,500	1,500
营业净利	2,550	2,775	3,000	3,225	3,450

习 题 解 答 七

乐华公司现金预算
1997年10月份 单位：元

摘　　　要	金　　　额	
期初现金余额		4,500
现金收入：		
收回上月销售应收帐款(50,000×40%)	20,000	
本月实际销售收入(56,000×60%)	33,600	53,600
可动用现金合计		58,100
减：现金支出：		
偿还上月购料应付款(18,000×45%)	8,100	
本月实际购料款(16,000×55%)	8,800	
营业费用(12,000－4,000)	8,000	
直接人工	10,000	
购置固定设备	20,000	
支付所得税	2,000	
现金支出合计		56,900
收支轧抵现金结余		1,200
融通资金：向银行借款		3,000
期末现金余额		4,200

习题解答八

光明公司现金预算

19×9年度　　　　　　　　　　　　　　　　单位：元

摘　要	1季度	2季度	3季度	4季度	全　年
期初现金余额	8,000	5,000	5,000	5,000	8,000
加：现金收入					
应收帐款收回及销售收入	60,000	70,000	96,000	95,000	321,000
可动用现金合计	68,000	75,000	101,000	100,000	329,000
减：现金支出					
采购材料	35,000	45,000	48,000	35,000	163,000
营业费用	25,000	30,000	30,000	28,000	113,000
购置设备	8,000	8,000	10,000	10,000	36,000
支付股利	2,000	2,000	2,000	2,000	8,000
现金支出合计	70,000	85,000	90,000	75,000	320,000
收支轧抵现金结余（或不足）	(2,000)	(10,000)	11,000	25,000	9,000
通融资金：					
向银行借款	7,000	15,000	—	—	22,000
归还本息	—	—	(6,000)	(17,000)	(23,000)
通融资金合计	7,000	15,000	(6,000)	(17,000)	(1,000)
期末现金余额	5,000	5,000	5,000	8,000	8,000

习题解答九

春雷贸易公司销售预算

（表1）　　　　　19×9年1月份

摘　要		销售数量(件)	销售单价(元)	销售金额(元)
预计销售收入		10,000	9	90,000
预计现金收入计算表	期初应收帐款			50,000
	1月份现金销售收入			36,000
	现金收入合计			86,000

春雷贸易公司商品采购预算

(表2)　　　　　　　19×9年1月份

摘　要	数　量	单　价	金　额
预计销售需要额	10,000件	4元	40,000元
加：预计期末存货	4,000件	4元	16,000元
预计需要量合计	14,000件	4元	56,000元
减：期初存货	5,000件	4元	20,000元
预计商品采购额	9,000件	4元	36,000元
预计现金支出计算表	期初应付帐款		24,000元
	1月份现购商品		10,800元
	现金支出合计		34,800元

春雷贸易公司营业费用预算

(表3)　　　　　　　19×9年1月份　　　　　　　单位：元

费用明细项目	金　额
1. 职工薪金	15,000
2. 办公费	4,300
3. 水电费	5,000
4. 保险费	2,000
5. 折旧费	700
6. 广告费	3,000
营业费用合计	30,000
预计现金支出计算表 营业费用支出总额	30,000
减：折旧费	700
1月份营业费用现金支出合计	29,300

春雷贸易公司现金预算

(表 4)　　　　　19×9 年 1 月份　　　　　单位：元

摘　　要	资料来源	金　额
期初现金余额	期初资产负债表	10,000
加：预计现金收入：		
应收帐款收回及销售收入	表 1	86,000
可动用现金合计		96,000
减：预计现金支出：		
采购商品	表 2	34,800
营业费用	表 3	29,300
购入新设备	专门决策预算	35,000
现金支出合计		99,100
收支轧抵现金结余（或不足）		(3,100)
通融资金：		
向银行借款	专门决策预算	13,100
期末现金余额		10,000

春雷贸易公司利润预算

(表 5)　　　　　19×9 年 1 月份　　　　　单位：元

摘　　要	资料来源	金　额
销售收入(9×10,000)	表 1	90,000
销售成本(4×10,000)	表 2	40,000
销售毛利		50,000
营业费用	表 3	30,000
营业净利		20,000

春雷贸易公司预计资产负债表

(表6)　　　　　　　19×9年1月31日　　　　　　　单位：元

资　　产		权　　益	
1. 现金	10,000	1. 应付帐款	25,200
2. 应收帐款	54,000	2. 银行借款	13,100
3. 存　货	16,000	3. 业主权益	152,600
4. 房屋及设备	120,000		
5. 累计折旧	(9,100)		
资产合计	190,900	权益合计	190,900

注：应收帐款 = 90,000 × (1 − 40%) = 54,000 元
　　应付帐款 = 36,000 × (1 − 30%) = 25,200 元

习 题 解 答 十

通利机械厂销售预算

(表1)　　　　　　　19×9年第1季度

摘　　要		1月	2月	3月	合　计
预计销售量（件）		6,000	6,000	5,000	17,000
销售单价（元/件）		26	26	26	26
预计销售金额		156,000元	156,000元	130,000元	442,000元
预计现金收入计算表	期初应收帐款	75,000元			75,000元
	1月份销售收入	78,000元	78,000元		156,000元
	2月份销售收入		78,000元	78,000元	156,000元
	3月份销售收入			65,000元	65,000元
	现金收入合计	153,000元	156,000元	143,000元	452,000元

通利机械厂生产预算

(表2)　　　　　　　19×9年第1季度　　　　　　　单位：件

摘　　要	1月	2月	3月	合　　计
预计销售量(销售预算)	6,000	6,000	5,000	17,000
加：预计期末存货量	600	500	560	560
预计需要量合计	6,600	6,500	5,560	17,560
减：期初存货量	600	600	500	600
预计生产量	6,000	5,900	5,060	16,960

通利机械厂直接材料采购预算

(表3)　　　　　　　19×9年第1季度

摘　　要	1月	2月	3月	合　　计
预计生产量(生产预算)(件)	6,000	5,900	5,060	16,960
单位产品材料消耗定额(千克)	6	6	6	6
预计生产需料量(千克)	36,000	35,400	30,360	101,760
加：期末存料(千克)	3,540	3,036	3,120	3,120
预计材料需要量合计(千克)	39,540	38,436	33,480	104,880
减：期末存料量(千克)	3,600	3,540	3,036	3,600
预计购料量(千克)	35,940	34,896	30,444	101,280
材料单价(元/千克)	1	1	1	1
预计购料金额	35,940元	34,896元	30,444元	101,280元
预计现金支出计算表 期初应付购料款	16,000元			16,000元
预计现金支出计算表 1月份购料款	17,970元	17,970元		35,940元
预计现金支出计算表 2月份购料款		17,448元	17,448元	34,896元
预计现金支出计算表 3月份购料款			15,222元	15,222元
预计现金支出计算表 现金支出合计	33,970元	35,418元	32,670元	102,058元

通利机械厂直接人工预算

(表4)　　　　　　　　　19×9年第1季度

摘　　　要	1月	2月	3月	合　计
预计生产量(生产预算)(件)	6,000	5,900	5,060	16,960
单位产品工时定额(工时)	5	5	5	5
直接人工工时总数(工时)	30,000	29,500	25,300	84,800
工资率(元/工时)	2	2	2	2
预计直接人工成本总额(元)	60,000	59,000	50,600	169,600

通利机械厂制造费用预算

(表5)　　　　　　　19×9年第1季度　　　　　　　　单位：元

明细项目		分配率	1月 (30,000工时)	2月 (29,500工时)	3月 (25,300工时)	合　计 (84,800工时)
变动费用	间接材料	0.4元/工时	12,000	11,800	10,120	33,920
	间接人工	1元/工时	30,000	29,500	25,300	84,800
	小　　计		42,000	41,300	35,420	118,720
固定费用	折　旧　费		1,000	1,000	1,000	3,000
	财　产　税		1,000	1,000	1,000	3,000
	维　修　费		1,500	1,500	1,500	4,500
	小　　计		3,500	3,500	3,500	10,500
制造费用合计			45,500	44,800	38,920	129,220
预计现金支出计算表	制造费用合计		45,500	44,800	38,920	129,220
	减：折旧费		1,000	1,000	1,000	3,000
	现金支出合计		44,500	43,800	37,920	126,220

通利机械厂单位生产成本预算

(标准成本单)

(表6)　　　　　　　　19×9年第1季度

成本项目	价格标准	用量标准	合　计
直接材料	1元/千克	6千克	6元
直接人工	2元/工时	5工时	10元
变动制造费用	1.4元/工时	5工时	7元
标准成本	—	—	23元
期末存货预算	期末存货数量(生产预算)		560件
	单位变动生产成本(标准成本)		23元
	期末存货金额		12,880元

通利机械厂推销及管理费预算

(表7)　　　　　19×9年第1季度　　　　　单位：元

明细项目	1月	2月	3月	合　计
变动费用：				
销售佣金(销售收入的1%)	1,560.00	1,560.00	1,300.00	4,420.00
固定费用：				
管理人员薪金	1,666.67	1,666.67	1,666.67	5,000.00
广告费	333.33	333.33	333.33	1,000.00
小　计	2,000.00	2,000.00	2,000.00	6,000.00

通利机械厂现金预算

(表8)　　　　　　　　　19×9年第1季度　　　　　　　　单位：元

摘　　　要	资料来源	1月	2月	3月	合　计
期初现金余额		10,000	14,970	23,192	10,000
加：现金收入：					
销售收入及应收帐款	表1	153,000	156,000	143,000	452,000
可动用现金合计		163,000	170,970	166,192	462,000
减：现金支出：					
直接材料	表3	33,970	35,418	32,670	102,058
直接人工	表4	60,000	59,000	50,600	169,600
制造费用	表5	44,500	43,800	37,920	126,220
推销及管理费	表7	3,560	3,560	3,300	10,420
支付所得税	专门决策预算	3,000	3,000	3,000	9,000
购置设备	专门决策预算			20,000	20,000
支付股利	专门决策预算	3,000	3,000	3,000	9,000
现金支出合计		148,030	147,778	150,490	446,298
现金结余(或不足)		14,970	23,192	15,702	15,702
筹措资金：					
向银行借款					
期末现金余额		14,970	23,192	15,702	15,702

通利机械厂利润预算

(表9)　　　　　　　19×9年第1季度　　　　　　　单位：元

摘　　要	金　　额	
销售收入(26×17,000)		442,000
变动成本：		
变动生产成本(23×17,000)	391,000	
变动推销及管理成本	4,420	
变动成本总额		395,420
贡献毛益总额		46,580
期间成本：		
固定制造成本	10,500	
固定推销及管理成本	6,000	
期间成本总额		16,500
税前净利		30,080
减：所得税		9,000
税后净利		21,080

通利机械厂预计资产负债表

(表10)　　　　　　　19×9年3月31日　　　　　　　单位：元

资　　产		权　　益	
1. 现金	15,702	7. 应付购料款	15,222
2. 应收帐款	65,000	8. 银行借款	10,000
3. 材料存货(3,120千克)	3,120	9. 普通股股本	80,000
4. 产成品存货(560件)	12,880	10. 留存收益	68,480
5. 厂房及设备	100,000		
6. 累计折旧	(23,000)		
资产合计	173,702	权益合计	173,702

上表各项目数字来源说明：

1. 见表 8 的期末现金余额
2. 见表 1,3 月份销售金额的 50%,即 130,000×50%=65,000 元
3. 见表 3,3 月份期末存料为 3,120 千克,即 1×3,120=3,120 元
4. 见表 6,期末存货金额=23×560=12,880 元
5. 见表 8,计划期 3 月份购置设备 20,000 元,加到期初资产负债表"厂房及设备"原金额 80,000 元上,合计为 100,000 元。
6. 见表 5,计划期折旧费共 3,000 元,加到期初资产负债表"累计折旧" 20,000 元上,合计为 23,000 元。
7. 见表 3,3 月份购料金额的 50%,即 30,444×50%=15,222 元
8、9. 两项目在计划期未有变动,仍用期初资产负债表上的金额
10. 留存收益的计算如下:

期初余额(见期初资产负债表)	56,400元
加:计划期税后净利(见表 9)	21,080元
小计	76,480元
减:支付股利(见表 8)	9,000元
留存收益期末余额(见表 10)	68,480元

七、成本控制

习题解答一

(1) √。

(2) ×；产品的必要功能是指顾客所必需的和要求的功能。

(3) ×；寿命周期成本是从顾客要求开始，然后设计、研制、制造，直到产品报废为止所需支付的各种生产成本和使用成本。

(4) ×；开展价值工程的对象，除产品外还应包括劳务(作业)。

(5) ×；价值工程是一项有组织的活动，指的是，除要把集体的群众智慧组织起来以外，还要包括扎扎实实地按规定的工作程序办事。

(6) ×；功能了解的目的除掉搞清楚每个对象所具有的功能外，还要包括：便于今后对功能进行评价；以及便于构思改进功能。

(7) √。

(8) √。

习题解答二

$$\begin{matrix}\text{直接材料的}\\ \text{实际成本}\end{matrix} = 150,000 - (2,000 + 1,000) = 147,000 \text{元}$$

$$\begin{matrix}\text{直接人工的}\\ \text{实际成本}\end{matrix} = 190,000 + (1,500 + 3,000) = 194,500 \text{元}$$

$$\begin{matrix}\text{变动费用的}\\ \text{实际成本}\end{matrix} = 160,000 + 2,000 - 3,000 = 159,000 \text{元}$$

习题解答三

1. 按照给定的资料及成本差异的通用模式，计算该月份实际采购及耗用的直接材料的数量与单价：

$$
\begin{array}{ll}
AP \cdot AQ & \\
\quad ? \quad ? & = 30,000 \text{元} \\
SP \cdot AQ & \\
\quad 1.75 \times ? & = 35,000 \text{元} \\
SP \cdot SQ & \\
\quad 1.75 \times 2 \times 10,500 & = 36,750 \text{元}
\end{array}
\right\}
\begin{array}{l}
\text{价格差异：}5,000 \text{元(F)} \\
\\
\text{用量差异：}1,750 \text{元(F)}
\end{array}
$$

(1) $\because$ 计划产量的材料标准成本总额 $= 1.75 \times 2 \times 10{,}500 = 36{,}750$ 元

$\therefore$ 实际产量的材料标准成本总额 $=$ 计划产量的材料标准成本总额 $-$ 材料用量的有利差异

$$= 36{,}750 - 1{,}750 = 35{,}000 \text{ 元}$$

实际产量的材料标准成本总额 $=$ 材料的价格标准 $\times$ 实际采购及耗用的材料数量

$\therefore$ 实际采购及耗用的直接材料数量 $=$ 实际产量的材料标准成本总额 $\div$ 材料的价格标准

$$= 35{,}000 \div 1.75 = 20{,}000 \text{ 千克}$$

(2) $\because$ 实际产量的材料实际成本总额 $=$ 实际产量的材料标准成本总额 $-$ 材料价格的有利差异

$$= 35{,}000 - 5{,}000 = 30{,}000 \text{ 元}$$

实际产量的材料实际成本总额 $=$ 实际采购直接材料的单价 $\times$ 实际采购及耗用的直接材料数量

$\therefore$ 实际采购直接材料的单价 $=$ 实际产量的材料实际成本总额 $\div$ 实际采购及耗用的直接材料数量

$$= 30{,}000 \div 20{,}000 = 1.50 \text{ 元/千克}$$

2. 按照给定的资料及成本差异通用模式，计算该月份实际耗用的工时及实际工资率：

$$\begin{array}{l} AR \cdot AH \\ \ ?\quad\ ? \quad = 250{,}000 \text{ 元} \\ SR \cdot AH \\ 4.50 \times ? \quad = 225{,}000 \text{ 元} \\ SR \cdot SH \\ 4.50 \times 4\tfrac{1}{2} \times 10{,}500 = 212{,}625 \text{ 元} \end{array}$$

价格差异：$25{,}000$ 元(U)

用量差异：$12{,}375$ 元(U)

(1) $\because$ 计划产量的人工标准成本总额 $= 4.50 \times 4\tfrac{1}{2} \times 10{,}500 = 212{,}625$ 元

$\therefore$ 实际产量的人工标准成本总额 $=$ 计划产量的人工标准成本总额 $+$ 人工用量不利差异

$$= 212{,}625 + 12{,}375 = 225{,}000 \text{ 元}$$

实际产量的人工标准成本总额 $=$ 人工的价格标准 $\times$ 实际耗用工时

$$\therefore \genfrac{}{}{0pt}{}{\text{实际耗}}{\text{用工时}} = \genfrac{}{}{0pt}{}{\text{实际产量的人工}}{\text{标准成本总额}} \div \genfrac{}{}{0pt}{}{\text{人工的价}}{\text{格 标 准}}$$

$$= 225,000 \div 4.50 = 50,000 \text{ 工时}$$

(2) $\because \genfrac{}{}{0pt}{}{\text{实际产量的人工}}{\text{实际成本总额}} = \genfrac{}{}{0pt}{}{\text{实际产量的人工}}{\text{标准成本总额}} + \genfrac{}{}{0pt}{}{\text{人工价格}}{\text{不利差异}}$

$$= 225,000 + 25,000 = 250,000 \text{ 元}$$

$$\genfrac{}{}{0pt}{}{\text{实际产量的人工}}{\text{实际成本总额}} = \genfrac{}{}{0pt}{}{\text{人工的实}}{\text{际工资率}} \times \genfrac{}{}{0pt}{}{\text{实际耗}}{\text{用工时}}$$

$$\therefore \genfrac{}{}{0pt}{}{\text{人工的实}}{\text{际工资率}} = \genfrac{}{}{0pt}{}{\text{实际产量的人工}}{\text{实际成本总额}} \div \genfrac{}{}{0pt}{}{\text{实际耗}}{\text{用工时}}$$

$$= 250,000 \div 50,000 = 5 \text{ 元/工时}$$

3. 计算该月份直接材料与直接人工的总差异：

1. $\genfrac{}{}{0pt}{}{\text{直接材料成}}{\text{本的总差异}} = \text{价格差异} + \text{用量差异}$

$$= 5,000 + 1,750 = 6,750 \text{ 元(F)}$$

2. $\genfrac{}{}{0pt}{}{\text{直接人工成}}{\text{本的总差异}} = \text{价格差异} + \text{用量差异}$

$$= 25,000 + 12,375 = 38,375 \text{ 元(U)}$$

习 题 解 答 四

1. $\therefore \begin{cases} \genfrac{}{}{0pt}{}{\text{折椅的标准}}{\text{材料成本}} = (1.05 \times 2.5) \times 4,000 = 10,500 \text{ 元} \\ \genfrac{}{}{0pt}{}{\text{折椅的实际}}{\text{材料成本}} \qquad\qquad\qquad\quad = 11,648 \text{ 元} \end{cases}$

$\therefore \genfrac{}{}{0pt}{}{\text{折椅耗用钢材的实际成本}}{\text{与标准成本的差异总额}} = 1,148 \text{ 元(U)}$

2. $\therefore AP = \dfrac{11,648}{10,400} = 1.12 \text{ 元}$

(1) $AP \cdot AQ = 11,648 \text{ 元}$
$\quad (1.12 \times 10,400)$
(2) $SP \cdot AQ = 10,920 \text{ 元}$
$\quad (1.05 \times 10,400)$
(3) $SP \cdot SQ = 10,500 \text{ 元}$
$\quad (1.05 \times 2.5 \times 4,000)$

$(1) - (2) = \text{价格差异}$
$\qquad\qquad 728 \text{ 元(U)}$

$(2) - (3) = \text{用量差异}$
$\qquad\qquad 420 \text{ 元(U)}$

习题解答五

1. ∵ 钻头的标准人工成本 $= \left(5.20 \times \dfrac{1}{4}\right) \times 30{,}000 = 39{,}000$ 元

   钻头的实际人工成本 $= 39{,}525$ 元

   ───────────────────────────────

   钻头的实际成本与标准成本的差异总额 $= 525$ 元(U)

2. ∵ $AR = \dfrac{39{,}525}{7{,}750} = 5.10$ 元/工时

   (1) $AR \cdot AH = 39{,}525$ 元
       $(5.10 \times 7{,}750)$

   (2) $SR \cdot AH = 40{,}300$ 元
       $(5.20 \times 7{,}750)$

   (1)−(2)＝工资率差异 775 元(F)

   (3) $SR \cdot SH = 39{,}000$ 元
       $\left(5.20 \times 30{,}000 \times \dfrac{1}{4}\right)$

   (2)−(3)＝人工效率差异 1,300 元(U)

习题解答六

1. 计算直接材料的成本差异：

   ∵ $AP = \dfrac{18{,}750}{15{,}000} = 1.25$ 元/千克

   (1) $AP \cdot AQ = 18{,}750$ 元
       $(1.25 \times 15{,}000)$

   (2) $SP \cdot AQ = 18{,}000$ 元
       $(1.20 \times 15{,}000)$

   (1)−(2)＝价格差异 750 元(U)

   (3) $SP \cdot SQ = 16{,}896$ 元
       $(1.20 \times 8 \times 1{,}760)$

   (2)−(3)＝用量差异 1,104 元(U)

2. 计算直接人工的成本差异：

   ∵ $AR = \dfrac{5{,}177}{835} = 6.20$ 元/工时

   (1) $AR \cdot AH = 5{,}177$ 元
       (6.20×835)

   (2) $SR \cdot AH = 5{,}010$ 元
       (6×835)

   (1)−(2)＝工资率差异 167 元(U)

   (3) $SR \cdot SH = 5{,}280$ 元
       $(6 \times 0.5 \times 1{,}760)$

   (2)−(3)＝人工效率差异 270 元(F)

习题解答七

1. ∵ 单位产品的成本差异 = 0.80 元(U)

   ∴ 甲产品 16,000 件的成本差异总额 = 0.80×16,000

   $\qquad\qquad\qquad\qquad$ = 12,800 元(U)

   ∴ 甲产品 16,000 件的实际成本总额 = 标准成本总额 + 成本差异总额(U)

   $= \left(\dfrac{390,000}{15,000} \times 16,000\right) + 12,800$

   $= 428,800$ 元

   ∴ 甲产品 16,000 件中的直接材料实际成本 = 甲产品的实际成本总额 − (直接人工实际成本 + 变动费用实际成本)

   $= 428,800 - (208,000 + 140,800)$

   $= 80,000$ 元

2. 单位甲产品的标准成本与实际成本的成本结构有如下表所示:

   单位:元

成本项目	标准成本	实际成本
直接材料	$\dfrac{75,000}{15,000}=5$	$\dfrac{80,000}{16,000}=5$
直接人工	$\dfrac{180,000}{15,000}=12$	$\dfrac{208,000}{16,000}=13$
变动制造费用	$\dfrac{135,000}{15,000}=9$	$\dfrac{140,800}{16,000}=8.80$
合　计	$\dfrac{390,000}{15,000}=26$	$\dfrac{428,800}{16,000}=26.80$

3. ∵ $AR = \dfrac{208,000}{49,000} = 4.2449$ 元/工时

   $SR = \dfrac{180,000}{45,000} = 4$ 元/工时

   $SH = \dfrac{45,000}{15,000} \times 16,000 = 48,000$ 工时

   ∴ 工资率差异 = $AH(AR - SR)$

$$=49{,}000\times(4.2449-4)$$

$$=12{,}000\,元(U)$$

人工效率差异$=SR(AH-SH)$

$$=4\times(49{,}000-48{,}000)=4{,}000\,元(U)$$

人工成本差异总额$=AR\cdot AH-SR\cdot SH$

$$=(4.2449\times49{,}000)-(4\times48{,}000)$$

$$=16{,}000\,元(U)$$

4. ∵ $AR=\dfrac{140{,}800}{49{,}000}=2.87346$ 元/工时

$SR=\dfrac{135{,}000}{45{,}000}=3$ 元/工时

∴ 变动费用开支差异$=AH(AR-SR)$

$$=49{,}000\times(2.87346-3)=6{,}200\,元(F)$$

变动费用效率差异$=SR(AH-SH)$

$$=3\times(49{,}000-48{,}000)=3{,}000\,元(U)$$

变动费用差异总额$=AR\cdot AH-SR\cdot SH$

$$=(2.87346\times49{,}000)-(3\times48{,}000)$$

$$=3{,}200\,元(F)$$

习 题 解 答 八

材料成本差异：

材料价格差异$=AQ(AP-SP)$

$$=4.4\times4{,}800\times(2-2.10)=2{,}112\,元(F)$$

材料用量差异$=SP(AQ-SQ)$

$$=2.10\times[(4.4\times4{,}800)-(4\times4{,}800)]$$

$$=4{,}032\,元(U)$$

人工成本差异：

工资率差异$=AH(AR-SR)$

$$=1.4\times4{,}800\times(4.85-4.50)=2{,}352\,元(U)$$

人工效率差异=SR(AH−SH)
$$=4.5\times[(1.4\times 4,800)-(1.6\times 4,800)]$$
$$=4,320 \text{元(F)}$$

变动制造费用成本差异:

变动费用开支差异=AH(AR−SR)
$$=1.4\times 4,800\times(2.15-1.8)=2,352 \text{元(U)}$$

变动费用效率差异=SR(AH−SH)
$$=1.8\times[(1.4\times 4,800)-(1.6\times 4,800)]$$
$$=1,728 \text{元(F)}$$

验算:成本差异总额=不利差异总额−有利差异总额
$$=(4,032+2,352+2,352)$$
$$-(2,112+4,320+1,728)$$
$$=8,736-8,160=576 \text{元(U)}$$

习 题 解 答 九

预算差异=实际支付数−预算数
$$=123,400-120,000=3,400 \text{元(U)}$$

能量差异=$\dfrac{\text{标准费用}}{\text{分配率}}\times\left(\dfrac{\text{产能标准}}{\text{总工时}}-\dfrac{\text{实际产量应}}{\text{耗标准工时}}\right)$

$$=\dfrac{120,000}{40,000}\times(40,000-32,000)$$

$$=24,000 \text{元(U)}$$

习 题 解 答 十

开支差异=实际支付数−预算数
$$=123,400-120,000=3,400 \text{元(U)}$$

效率差异=$\dfrac{\text{标准费用}}{\text{分配率}}\times\left(\dfrac{\text{实际耗}}{\text{用工时}}-\dfrac{\text{实际产量应}}{\text{耗标准工时}}\right)$

$$=\dfrac{120,000}{40,000}\times(35,000-32,000)$$

$$=9,000 \text{元(U)}$$

$$\begin{aligned}\text{生产能力}\\ \text{利用差异}\end{aligned} = \frac{\text{标准费用}}{\text{分配率}} \times \left(\begin{aligned}\text{产能标准}\\ \text{总工时}\end{aligned} - \begin{aligned}\text{实际耗}\\ \text{用工时}\end{aligned}\right)$$

$$= \frac{120,000}{40,000} \times (40,000 - 35,000)$$

$$= 15,000 \text{ 元(U)}$$

验算：∵ ∑固定费用两种成本差异＝∑固定费用三种差异

即： 预算差异＋能量差异＝开支差异＋效率差异＋$\begin{aligned}\text{生产能力}\\ \text{利用差异}\end{aligned}$

$$3,400(\text{U}) + 24,000(\text{U}) = 3,400(\text{U}) + 9,000(\text{U}) + 15,000(\text{U})$$

$$27,400(\text{U}) = 27,400 \text{ 元(U)}$$

习题解答十一

1. 计算变动制造费用的开支差异和效率差异：

(1) ∵ $\begin{aligned}\text{变动费用的}\\ \text{实际分配率}\end{aligned} = \frac{\text{实际变动费用}}{\text{实际工时总数}} = \frac{255,000}{125,000}$

$$= 2.04 \text{ 元/工时}$$

∴ $\begin{aligned}\text{变动费用}\\ \text{开支差异}\end{aligned} = \begin{aligned}\text{实际}\\ \text{工时}\end{aligned} \times \left(\begin{aligned}\text{实 际}\\ \text{分配率}\end{aligned} - \begin{aligned}\text{标 准}\\ \text{分配率}\end{aligned}\right)$

$$= 125,000 \times (2.04 - 2.00)$$

$$= 5,000 \text{ 元(U)}$$

(2) ∵ $\begin{aligned}\text{实际产量}\\ \text{标准工时}\end{aligned} = \text{用量标准} \times \text{实际产量} = 3 \times 40,000$

$$= 120,000 \text{ 工时}$$

∴ $\begin{aligned}\text{变动费用}\\ \text{效率差异}\end{aligned} = \begin{aligned}\text{标 准}\\ \text{分配率}\end{aligned} \times \left(\begin{aligned}\text{实际产量}\\ \text{实际工时}\end{aligned} - \begin{aligned}\text{实际产量}\\ \text{标准工时}\end{aligned}\right)$

$$= 2 \times (125,000 - 120,000)$$

$$= 10,000 \text{ 元(U)}$$

2. 计算固定制造费用的预算差异和能量差异：

(1) ∵ 固定费用实际支付数＝实际制造费用－变动费用

$$= 411,000 - 255,000$$

$$= 156,000 \text{ 元}$$

固定费用预算总额 $= 1 \times 3 \times 50,000 = 150,000 \text{ 元}$

∴ 固定费用预算差异 = 固定费用实际数 − 固定费用预算总额 = 156,000 − 150,000

$$= 6,000 \text{ 元(U)}$$

(2) 固定费用能量差异 = 标准费用分配率 × (产能标准总工时 − 实际产量应耗标准工时)

$$= 1 \times [(3 \times 50,000) - (3 \times 40,000)]$$

$$= 30,000 \text{ 元(U)}$$

3. 计算固定制造费用的开支差异、效率差异与生产能力利用差异:

(1) 固定费用开支差异 = 固定费用实际数 − 固定费用预算总额 = 156,000 − 150,000

$$= 6,000 \text{ 元(U)}$$

(2) 固定费用效率差异 = 标准费用分配率 × (实际耗用工时 − 实际产量应耗标准工时)

$$= 1 \times (125,000 - 3 \times 40,000)$$

$$= 5,000 \text{ 元(U)}$$

(3) 生产能力利用差异 = 标准费用分配率 × (产能标准总工时 − 实际耗用工时)

$$= 1 \times (3 \times 50,000 - 125,000)$$

$$= 25,000 \text{ 元(U)}$$

习题解答十二

1. 计算实际脱离标准的材料成本差异总额:

∴ 甲产品每千克的混合材料的标准成本 = (0.81 × 10) ÷ 9 = 0.90 元

∴ 材料的实际成本与标准成本的差异总额 = 实际耗用材料总成本 − 按实际产量计算的材料标准成本

$$= 89,350 - (0.90 \times 92,070)$$

$$= 6,487 \text{ 元(U)}$$

2. 分别计算材料的价格差异和用量差异:

(1) ∵ 材料的价格差异 = AQ(AP − SP)

∴ A 材料的价格差异 = 45,000 × (0.80 − 0.70) = 4,500 元(U)

$$\begin{aligned}&\text{B 材料的价格差异} = 33{,}000 \times (1.05 - 1.00) = 1{,}650 \text{ 元(U)} \\ &\text{C 材料的价格差异} = 22{,}000 \times (0.85 - 0.80) = 1{,}100 \text{ 元(U)}\end{aligned}$$

∴ 材料价格差异合计 $= 7{,}250$ 元(U)

(2) ∵ 标准产出率 $= \dfrac{9}{10} \times 100\% = 90\%$

∴ 甲产品实际产量应耗混合材料的标准数量 $= \dfrac{92{,}072}{90\%} = 102{,}300$ 千克

又 ∵ 材料的用量差异 $= SP(AQ - SQ)$

∴ A 材料的用量差异 $= 0.70 \times [45{,}000 - (0.5 \times 102{,}300)] = 4{,}305$ 元(F)

B 材料的用量差异 $= 1.00 \times [33{,}000 - (0.3 \times 102{,}300)] = 2{,}310$ 元(U)

C 材料的用量差异 $= 0.80 \times [22{,}000 - (0.2 \times 102{,}300)] = 1{,}232$ 元(U)

∴ 材料用量差异合计 $= 763$ 元(F)

3. 把材料用量差异进一步分解为结构差异与产出差异：

1. 材料结构差异 = 按标准单价计算的实际混合成本 − 按实际用量计算的标准混合成本

$$= [(0.70 \times 45{,}000) + (1.00 \times 33{,}000) + (0.80 \times 22{,}000)] - (0.81 \times 100{,}000)$$

$$= 82{,}100 - 81{,}000 = 1{,}100 \text{ 元(U)}$$

2. 材料产出差异 = 单位产品中混合材料的标准成本 $\times \left(\begin{array}{c}\text{标准}\\\text{产量}\end{array} - \begin{array}{c}\text{实际}\\\text{产量}\end{array}\right)$

$$= 0.90 \times [(100{,}000 \times 90\%) - 92{,}070]$$

$$= 1{,}863 \text{ 元(F)}$$

习题解答十三

1. 计算人工实际成本脱离标准成本的差异总额：

$\because$ 平均每工时的混合人工的标准成本 $= \dfrac{42}{3} = 14$ 元

甲产品每千克的混合人工的标准成本 $= \dfrac{14}{10} = 1.40$ 元

$\therefore$ 人工的实际成本与标准成本的差异总额 $=$ 实际耗用的人工成本 $-$ 按实际产量计算的人工标准成本

$= 127,400 - (1.40 \times 92,070)$

$= 1,498$ 元(F)

2. 分别计算人工成本的工资率差异与效率差异:

(1) $\because$ 工资率差异 $= AH(AR - SR)$

$\therefore$ 技术工的工资率差异 $= 3,400 \times (21 - 20) = 3,400$ 元(U)

学徒工的工资率差异 $= 5,600 \times (10 - 11) = 5,600$ 元(F)

$\therefore$ 工资率差异合计 $= 2,200$ 元(F)

---

(2) $\because$ 每个工时的标准产出率 $= \dfrac{10}{1} \times 100\% = 1000\%$

$\therefore$ 实际产量应耗混合人工的标准工时:

技术工 $= (92,070 \div 1000\%) \times \dfrac{1}{3} = 3,069$ 工时

学徒工 $= (92,070 \div 1000\%) \times \dfrac{2}{3} = 6,138$ 工时

合　　计　　$= 9,207$ 工时

又 $\because$ 人工效率差异 $= SR(AH - SH)$

$\therefore$ 技术工的效率差异 $= 20 \times (3,400 - 3,069) = 6,620$ 元(U)

学徒工的效率差异 $= 11 \times (5,600 - 6,138) = 5,918$ 元(F)

$\therefore$ 人工效率差异合计 $= 702$ 元(U)

---

3. 把人工效率差异进一步分解为结构差异与产出差异:

(1) 人工结构差异 = $\begin{pmatrix} 按标准工资率计算 \\ 的实际混合人工成本 \end{pmatrix} - \begin{pmatrix} 按实际工时计算的 \\ 标准混合人工成本 \end{pmatrix}$

$= [(20 \times 3,400) + (11 \times 5,600)] - (14 \times 9,000)$

$= 129,600 - 126,000$

$= 3,600 元(U)$

(2) 人工产出差异 = $\begin{pmatrix} 单位混合人工 \\ 的标准成本 \end{pmatrix} \times \begin{pmatrix} 实际产量应 \\ 耗标准工时 \end{pmatrix} - \begin{pmatrix} 实际耗 \\ 用工时 \end{pmatrix}$

$= 14 \times (9,207 - 9,000)$

$= 2,898 元(F)$

习题解答十四

1. 编制成本差异汇总表:

单位:元

成本差异帐户名称	不利差异(U)	有利差异(F)
材料价格差异	1,000	
材料用量差异		1,800
工资率差异	200	
人工效率差异		300
变动费用开支差异		400
变动费用效率差异	500	
固定费用能量差异	800	
固定费用预算差异		600
合　　计	2,500	3,100
成本差异净额		600

2. 按全部成本法和变动成本法编制收益表:

大华公司收益表
（全部成本法）
19××年度

单位：元

摘　　要	金　　额	
销售收入(60×18,000)		1,080,000
销售成本：		
期初存货	0	
生产成本(31×20,000)(标准)	620,000	
可供销售的成本(标准)	620,000	
减：期末存货(31×2,000)(标准)	62,000	
销售成本(标准)	558,000	
减：成本差异净额(F)	600	
销售成本(实际)		557,400
税前净利(实际)		522,600

大华公司收益表
（变动成本法）
19××年度

单位：元

摘　　要	金　　额
销售收入(60×18,000)	1,080,000
销售成本：(标准)	
变动成本(30×18,000)	540,000
贡献毛益(标准)	540,000
减：期间成本(标准)	
固定制造费用	20,000
税前净利(标准)	520,000
加：成本差异净额(F)	600
税前净利(实际)	520,600

八、责任会计

习题解答一

1. 机器维修部门 …………………………………………………… (5)
2. 物料间 …………………………………………………………… (7)
3. 自助食堂 ………………………………………………………… (3)
4. 清洁部门 ………………………………………………………… (6)
5. 采购部门 ………………………………………………………… (10)
6. 检验部门 ………………………………………………………… (8)
7. 人事部门 ………………………………………………………… (4)
8. 医务室 ……………………………………………………… (3)、(4)
9. 工厂管理部门 …………………………………………………… (4)
10. 健身房 …………………………………………………………… (3)
11. 计算机房 ………………………………………………………… (9)

习题解答二

∵ A工段可控成本的实际数之和 $=12,000+8,000+7,600=27,600$ 元

A工段可控成本的差异数之和 $=600+320-150=770$ 元(U)

∴ A工段可控成本的预算数之和 $=27,600-770=26,830$ 元

∵ B工段可控成本的实际数之和 $=9,400+7,240+5,670=22,310$ 元

B工段可控成本的差异数之和 $=400-(320+36)=44$ 元(F)

∴ B工段可控成本的预算数之和 $=22,310+44=22,354$ 元

根据以上有关资料,编制铸造车间成本中心的实绩报告如下:

星辰工厂铸造车间实绩报告

19××年×月   单位：元

摘　　要	预　算	实　际	差　异
下属单位转来的责任成本：			
A 工段的责任成本	26,830	27,600	770(U)
B 工段的责任成本	22,354	22,310	44(F)
小　　计	49,184	49,910	726(U)
本车间的可控成本：			
间接材料	2,860	3,000	140(U)
间接人工	2,400	2,500	100(U)
维修费	1,798	1,750	48(F)
折旧费	1,800	1,800	—
其他费用	1,540	1,470	70(F)
小　　计	10,398	10,520	122(U)
本车间的责任成本合计	59,582	60,430	848(U)

习 题 解 答 三

1. 衡量部门经理业绩最好的标准是什么？ ……………………(5)
2. 若部门是个独立的公司,部门应获得哪种收益？ …………(7)
3. 代表整个公司(即所有部门)的收益是什么？ ……………(9)
4. 部门经理决定的为部门所做的广告费属于什么成本？ ………(4)
5. 假定取消一个部门,会使整个公司的总收益减少的
   是什么项目？ …………………………………………………(3)
6. 本部门经营过程中使用的房屋折旧费属于哪类成本？ ………(6)
7. 为整个公司开支的全国性广告费属于哪类成本？ …………(8)
8. 在短期收益中,部门经理最能控制的范围是什么？ …………(3)

习 题 解 答 四

∵ 变动成本总额的实际数 $= 40,000 + 8,000 = 48,000$ 元

∴ 销售收入总额的实际数 $= \dfrac{\text{变动成本总额实际数}}{\text{变动成本率实际数}}$

$= 48,000 \text{元} \div 60\% = 80,000 \text{元}$

∵ 变动成本总额的预算数 $=(40,000-1,000)+(8,000-200)=46,800$ 元

∴ 销售收入总额的预算数 $=$ 变动成本总额预算数 $\div$ 变动成本率预算数

$=46,800\div(60\%-8\%)=90,000$ 元

根据上述有关资料,编制甲事业部本月份的成果报告如下:

中信公司甲事业部成果报告
19××年×月份　　　　　　　　　　　单位:元

摘　　要	预　算	实　际	差　异
销售收入	90,000	80,000	10,000(U)
变动成本:			
变动生产成本	39,000	40,000	1,000(U)
变动推销及管理成本	7,800	8,000	200(U)
小　　计	46,800	48,000	1,200(U)
贡献毛益	43,200	32,000	11,200(U)
减:期间成本:			
直接发生的专属固定成本	20,050	20,000	50(F)
上级分配来的共同固定成本	3,900	4,000	100(U)
小　　计	23,950	24,000	50(U)
税前净利	19,250	8,000	11,250(U)

习 题 解 答 五

∵ 投资报酬率 $=$ 销售利润率 $\times$ 投资周转率

$=$ 销售利润率 $\times \dfrac{销售收入}{营业资产}$

∴ 销售利润率 $=$ 投资报酬率 $\times \dfrac{营业资产}{销售收入}$

第一分厂的销售利润率 $=18\%\times\dfrac{150,000}{480,000}=5.63\%$

第二分厂的销售利润率 $=18\%\times\dfrac{170,000}{850,000}=3.6\%$

习题解答六

∵ 投资报酬率＝销售利润率×投资周转率

∴ 投资周转率＝$\dfrac{\text{投资报酬率}}{\text{销售利润率}}$

茂盛公司的投资周转率＝$\dfrac{16\%}{6\%}$＝2.7 次

永安公司的投资周转率＝$\dfrac{16\%}{10\%}$＝1.6 次

习题解答七

单位：元

摘　　要	甲营业部	乙营业部	丙营业部	丁营业部
销售收入	500,000	300,000	450,000	250,000
营业利润	20,000	24,000	22,500	10,000
营业资产	200,000	100,000	90,000	62,500
销售利润率	4%	8%	5%	4%
投资周转率	2.5 次	3 次	5 次	4 次
投资报酬率	10%	24%	25%	16%

习题解答八

1. 分别计算最能反映部门经理业绩的资产周转率、销售利润率和投资报酬率：

(1) 资产周转率＝$\dfrac{\text{销售收入}}{\text{营业资产}}$＝$\dfrac{5,200}{3,000}$＝1.73 次

(2) 销售利润率＝$\dfrac{\text{部门经理可控的毛益}}{\text{销售收入}}\times 100\%$

　　　　　　＝$\dfrac{1,700}{5,200}\times 100\%$＝32.69%

(3) 投资报酬率＝$\dfrac{\text{部门经理可控的毛益}}{\text{营业资产}}\times 100\%$

　　　　　　＝$\dfrac{1,700}{3,000}\times 100\%$＝56.67%

2. 分别计算最能反映该投资中心整个部门业绩的资产周转率、销售利润率和投资报酬率：

(1) 资产周转率 = $\dfrac{销售收入}{营业资产} = \dfrac{5,200}{3,000} = 1.73$ 次

(2) 销售利润率 = $\dfrac{净利}{销售收入} \times 100\% = \dfrac{900}{5,200} \times 100\% = 17.31\%$

(3) 投资报酬率 = $\dfrac{净利}{营业资产} \times 100\% = \dfrac{900}{3,000} \times 100\% = 30\%$

习题解答九

根据给定的资料,为寰宇公司电器事业部编制业绩报告如下:

寰宇公司电器事业部成果报告

19×9年第3季度

摘　　要	预算数	实际数	差　异
1. 销售收入	120,000 元	150,000 元	30,000 元(F)
2. 销售成本	110,500 元	137,300 元	26,800 元(U)
3. 营业利润(1-2)	9,500 元	12,700 元	3,200 元(F)
4. 营业资产平均占用额	42,000 元	56,000 元	+14,000 元
5. 销售利润率(3÷1)	7.92%	8.47%	0.55%(F)
6. 投资周转率(1÷4)	2.86 次	2.68 次	0.18 次(U)
7. 投资报酬率(5×6)或(3÷4)	22.65%	22.70%	0.05%(F)
8. 机会成本(4×14%)	5,880 元	7,840 元	1,960 元(U)
9. 剩余收益(3-8)	3,620 元	4,860 元	1,240 元(F)

评价:从以上电器事业部的成果报告来看,该投资中心在 19×9 年度第 3 季度的经济活动中,不论是投资报酬率或剩余收益,其实际数均超过预算数,足以证明该投资中心的经济效益是比较好的。

习题解答十

1. 用投资报酬率(ROI)指标来比较甲、乙两个事业部的业绩:

(1) 先计算 19×6 年两个事业部的 ROI:

∵ ROI = $\dfrac{营业利润}{投资额}$

∴ 甲事业部的 ROI = $\dfrac{300,000}{2,000,000} \times 100\% = 15\%$

乙事业部的 ROI = $\dfrac{50,000}{250,000} \times 100\% = 20\%$

(2) 后计算 19×7 年两个事业部的 ROI：

甲事业部的 ROI = $\frac{360,000}{2,000,000} \times 100\% = 18\%$

乙事业部的 ROI = $\frac{62,500}{250,000} \times 100\% = 25\%$

从以上计算的结果来比较,似乎乙事业部的业绩要优于甲事业部,因为乙事业部不仅两年的 ROI 均比甲事业部为高;而且乙事业部第二年的 ROI 比第一年增长 5 个百分点(25%－20%),甲事业部只增长 3 个百分点(18%－15%)。因此,可以认为乙事业部对华夏公司更有价值,其经理人员应给予更多的奖励。

2. 用剩余收益(RI)指标来比较甲、乙两个事业部的业绩:
(1) 先计算 19×6 年两个事业部的 RI：

∵ RI＝营业利润－(投资额×规定的最低报酬率)

∴ 甲事业部的 RI = 300,000－(2,000,000×14%)
　　　　　　　　＝300,000－280,000＝20,000 元

乙事业部的 RI = 50,000－(250,000×14%)
　　　　　　　＝50,000－35,000＝15,000 元

(2) 再计算 19×7 年两个事业部的 RI：

甲事业部的 RI = 360,000－(2,000,000×14%)
　　　　　　　＝360,000－280,000＝80,000 元

乙事业部的 RI = 62,500－(250,000×14%)
　　　　　　　＝62,500－35,000＝27,500 元

从以上计算的结果来比较,显然甲事业部的业绩要优于乙事业部。因为甲事业部不仅两年的 RI 均高于乙事业部;而且甲事业部第二年的 RI 比第一年的增长幅度高达四倍(80,000÷20,000),乙事业部只增长 1.8 倍(27,500÷15,000)。因此,应该认为甲事业部对华夏公司更有价值,其经理人员应给予较多的奖励。

3. 综上所述可见,ROI 指标忽视了营业利润绝对额的比较,例如甲事业部 19×6 年营业利润为 300,000 元,19×7 年为 360,000 元,增加 60,000 元;而乙事业部 19×6 年的营业利润为 50,000 元,19×7 年为 62,500 元,只增加 12,500 元,以致发生了以上错误的结论。而 RI 指标则可避免 ROI 所发出的错误信号。从这个习题中的事例可以证明 RI 指标的评价是比较正确的。

习题解答十一

1. 用剩余收益(RI)指标来评价两个事业部的业绩:

∵ RI=营业利润－(投资额×规定的最低报酬率)

∴ A 事业部的 RI＝55,000－(250,000×14％)
   ＝55,000－35,000＝20,000 元

B 事业部的 RI＝131,250－(750,000×14％)
   ＝131,250－105,000＝26,250 元

从以上计算的结果可见,单用 RI 指标进行业绩评价时,B 事业部的 RI 较 A 事业部的 RI 要多 6,250 元,可以认为 B 事业部的业绩优于 A 事业部。

2. 用投资报酬率(ROI)指标来评价两个事业部的业绩:

A 事业部的 ROI＝$\frac{55,000}{250,000}$×100％＝22％

B 事业部的 ROI＝$\frac{131,250}{750,000}$×100％＝17.5％

根据以上计算的结果表明,A 事业部的 ROI 高于 B 事业部,应认为甲事业部的业绩较优。

3. 综上所述可见,RI 指标忽视了两个事业部原投资额绝对数的比较,例如 B 事业部投资额比 A 事业部多投资了 500,000 元(750,000－250,000),而其剩余收益只比 A 事业部多 6,250 元(26,250－20,000)。这是很不相称的。故在实际工作中遇到这类情况,必须联系原投资额的情况,结合 ROI 指标来进行评价,才是正确的。

习题解答十二

内部转移价格若定为 50 元,不合适;因为冰箱厂可向外界大量购买,每只只需 48 元。

内部转移价格若定为 48 元,比较合适;因为这对双方均无所偏袒,而且能调动卖方的生产积极性,促使它努力改善经营管理,不断降低冷凝器的成本。

内部转移价格若定为 43 元,略高于单位成本,不能调动冷凝器厂的生产积极性,因而不适合。

内部转移价格若定为 42 元,则与冷凝器厂的单位成本相同,是它的保本价,这也不合适,因不能调动冷凝器厂的生产积极性。

内部转移价格若定为 38 元,则与冷凝器厂的单位变动成本相同。只有在龙华公司决定采用双重内部转移价格时,可作为买方的计价基础,卖方则采用市价 48 元作为计价基础。

习题解答十三

1. 分别按五种内部转移价格计算印机部的内部销售收入,及销售 10,000 台的全部销售利润:

(1) 变动成本 = 100 + 55 = 155 元

   销售收入:内部销售收入 = 155 × 6,000 = 930,000 元
       对外销售收入 = 575 × 4,000 = 2,300,000 元
        合　　计   = 3,230,000 元
   销售成本:230 × 10,000   = 2,300,000 元
   销售利润: = 930,000 元

(2) 变动成本加成 40% = 155 × (1 + 40%) = 217 元

   销售收入:内部销售收入 = 217 × 6,000 = 1,302,000 元
       对外销售收入 = 575 × 4,000 = 2,300,000 元
        合　　计   = 3,602,000 元
   销售成本:230 × 10,000   = 2,300,000 元
   销售利润: = 1,302,000 元

(3) 全部成本 = 100 + 55 + 50 + 25 = 230 元

   销售收入:内部销售收入 = 230 × 6,000 = 1,380,000 元
       对外销售收入 = 575 × 4,000 = 2,300,000 元
        合　　计   = 3,680,000 元
   销售成本:230 × 10,000   = 2,300,000 元
   销售利润: = 1,380,000 元

(4) 全部成本加成 50% = 230 × (1 + 50%) = 345 元

   销售收入:内部销售收入 = 345 × 6,000 = 2,070,000 元
       对外销售收入 = 575 × 4,000 = 2,300,000 元
        合　　计   = 4,370,000 元
   销售成本:230 × 10,000   = 2,300,000 元
   销售利润: = 2,070,000 元

(5) 市场价格:575 元

销售收入：内部销售收入＝575×6,000＝3,450,000 元
　　　　　对外销售收入＝575×4,000＝2,300,000 元
　　　　　　　合　计　　　　　　＝5,750,000 元
销售成本：230×10,000　　　　　＝2,300,000 元
销售利润：　　　　　　　　　　　＝3,450,000 元

2.

(1) 就永和仪器公司来说,宁愿选用市场价格,因为这对买卖双方无所偏袒,而且能调动印机分部的生产积极性,促使它们努力改善经营管理,不断降低打印机的成本。

(2) 若站在电脑分部立场,宁愿选用印机分部的单位变动成本(即 155 元)作为内部转移价格,这必须在永和电子仪器公司决定采用双重内部转移价格时作为买方(电脑分部)的计价基础,卖方(印机分部)则采用市价为计价基础。

习题解答十四

1. 乙事业部不能接受 A 产品 125 元的销售单价,因为它的单位产品的全部成本为 150 元;如接受,会造成每件 25 元的亏损,200 件共亏 5,000 元。

2. 若甲、乙两个事业部均有剩余生产能力来制造 A 产品时,则外地客户的开价只要略高于 A 产品的单位变动成本,即可以接受。

由于 A 产品的单位变动成本＝40＋50＝90 元,对方开价每件 125 元,则每件产品可获贡献毛益 125－90＝35 元。如不接受这项订货,则将使迅达公司减少贡献毛益 35×200＝7,000 元,这对整个公司来说显然是不利的。

·立信版·

立信会计、财经丛书

策划人、责任编辑　张立年

西方经济学说史(胡寄窗主编)	定价：27.00元
投资银行理论与实务(栾华著)	定价：81.00元
财政学(第二版)(梅阳编著)	定价：22.00元
管理学教程(赵丽芬主编)	定价：31.50元
资产评估学教程(第二版)(乔志敏等主编)	定价：20.00元
资产评估理论与实务(许晓峰编著)	定价：15.20元
房地产经营管理教程(乔志敏著)	定价：22.40元
现代商业企业经营与管理(第二版)(秦雄海编著)	定价：33.60元
现代薪酬学(陈思明著)	定价：22.00元
城市经济学(胡欣、江小群编著)	定价：38.00元
中国经济地理(第六版)(胡欣编著)	定价：40.00元
国际经贸地理(李泉斌主编)	定价：18.00元
财经应用文写作教程(文天谷编著)	定价：19.00元
现代管理会计学(李天民编著)	定价：21.00元
现代管理会计学习题与解答(李天民编著)	定价：10.20元
现代企业经济分析(王又庄编著)	定价：37.00元
现代企业成本会计(王又庄编著)	定价：34.00元
财务报表分析原理与技术(熊楚熊著)	定价：30.00元

·立信版·
中外会计审计准则研究与比较丛书

策划人、责任编辑 张立年

当前会计准则国际趋同形势发展之快,超出常人之想像。作为会计理论、实务工作者,应当追踪各国和国际会计审计准则的发展,对之进行研究与比较。2006年2月,我国新会计审计准则出台,是我国会计审计史上新的里程碑,将大步迈向国际会计审计准则趋同的新阶段,也是促进中国经济发展和提升中国在国际资本市场中地位的非常重要的一步。本社推出由汪祥耀教授主编的《中外会计审计准则研究与比较丛书》,并陆续与读者见面。

英国会计准则研究与比较(汪祥耀等著)　　　　　　　　定价:35.00元
国际会计准则与财务报告准则(第二版)
　　——研究与比较(汪祥耀、邓川等著)　　　　　　　定价:53.50元
澳大利亚会计准则及其国际趋同战略研究
　　(汪祥耀、邓川等著)　　　　　　　　　　　　　　定价:46.00元
中国企业会计准则
　　——阐释与应用(邵毅平、任坐田等编著)　　　　　定价:48.50元
与国际财务报告准则趋同
　　——路径选择与政策建议(汪祥耀等著)　　　　　　定价:26.50元
中国会计准则体系建设:发展·比较·协调
　　(许家林、龚翔等编著)　　　　　　　　　　　　　定价:52.00元
中国新会计准则与国际财务报告准则比较
　　(汪祥耀、骆铭民等编著)　　　　　　　　　　　　定价:28.00元
中国注册会计师执业准则
　　——阐释与应用(邱学文、郭化林等编著)　　　　　定价:52.00元
国际财务报告准则——阐释与应用(沈颖玲等编著)　　　定价:56.00元
国际审计准则——阐释与应用(邓川、郭志英等编著)　　定价:暂未定
中国内部审计准则——阐释与应用(第二版)(张红英、陈东等编著)　定价:38.00元
中国内部会计控制规范
　　——阐释与应用(李连华、张蕾等编著)　　　　　　定价:47.00元

·立信版·

MBA专用教材和参考教材

策划人、责任编辑　张立年

公司理财学(王满主编)	定价：43.00元
管理会计学(刘志远主编)	定价：44.50元
国际会计(第二版)(郝振平编著)	定价：27.20元
现代会计理论(陈今池编著)	定价：28.00元
会计基本理论比较(李孝林等著)	定价：25.00元
财务会计四大难题(第三版)(常勋著)	定价：29.00元
财务会计概念研究(裘宗舜著)	定价：18.00元
比较财务会计学(第二版)(孙芳城等著)	定价：28.50元
国际比较审计(萧英达、张继勋、刘志远著)	定价：36.00元
现代会计科学理论研究(许家林著)	定价：27.00元
资源会计学的基本理论问题研究(许家林等著)	定价：40.00元
费用性质法利润表比较观(李孝林等著)	定价：17.00元
循环经济会计研究(殷勤凡著)	定价：15.00元
民营企业财务管理研究(费忠新著)	定价：16.00元
企业集团财务控制研究(刘菁著)	定价：14.00元
投资银行理论与实务(栾华著)	定价：81.00元